Randa Weiser

DAS *Randa*-PRINZIP

Besieg den miesen
Verräter in dir

FISCHER

Erschienen bei FISCHER

Unter Mitarbeit von: Angela Kuepper
Typografie: Iris Farnschläder, Hamburg
Druck und Bindung: GGP Media GmbH, Pößneck
ISBN 978-3-596-71000-3

Dieses Buch widme ich all denjenigen, die auf der Suche nach ihrem eigenen Weg und ihrem inneren Glück sind. Möge es euch Mut machen, eure eigenen Träume zu verfolgen und euer wahres Potenzial zu entfalten.

Für meine Familie, meine Freunde und meine Community – ihr seid mein Rückhalt und meine Inspiration. Dieses Buch ist für euch.

Eure Randa

Inhalt

Vorwort 9
Einleitung 11

KAPITEL 1 Zwischen zwei Welten 19

KAPITEL 2 Der Cut 39

KAPITEL 3 Verbündete 57

KAPITEL 4 Ich werde laut 73

KAPITEL 5 So verliebt … 89

KAPITEL 6 Angst 113

KAPITEL 7 Im dunklen Schacht 131

KAPITEL 8 Auf dem Weg der Heilung 145

KAPITEL 9 Randa and the gang 159

KAPITEL 10 Raus aus der Komfortzone 177

Nachwort 195
Danksagung 201
Anhang 203

Vorwort

Viele von euch kennen mich als randa_and_the_gang aus Social Media, wo ich als Content Creatorin einen Lifestyle-, Fashion- und Family-Account betreibe. Immer wieder wollen meine Follower von mir wissen, wie ich es schaffe, so positiv zu sein. Gute Frage! Aber wie sollte ich nicht positiv und vor allem glücklich sein, wenn ich mir den restlichen Teil meiner Gang ansehe: meine drei Kinder, Dominic, meinen Mann – und auch meine Community, die beste überhaupt … Doch halt, stopp! So einfach ist das nicht. Denn das Glück findet man nun mal nicht im Außen, zumindest nicht auf Dauer. Wir können ein ganzes Leben damit zubringen, es in anderen Menschen und hübschen Dingen zu suchen und trotzdem nie wirklich zufrieden sein. Es ja wäre auch zu schön, wenn man sich das Glück kaufen könnte und es dann immer bei sich hätte.

Die meisten von uns wissen es längst: Das wahre Glück sitzt im Innen. Es gibt nur einen Haken. Wenn wir es dort suchen, dann begegnen wir erst mal ganz anderen Dingen als dem Glück: unseren Ängsten, jeder Menge Schmerz, traurigen, auch dunklen Erinnerungen aus der Vergangenheit. Und dann ist da noch diese fiese innere Stimme, die zu allem, was wir tun oder gerne tun wollen, ihren Senf dazugibt. Sie vergleicht uns permanent mit anderen, deutet punktgenau auf unsere Schwachstellen und hat eine Menge richtig gemeiner Sprüche auf Lager. Was tun?

Ängste, Schmerz und Selbstzweifel kenne ich zur Genüge. Mein Leben gleicht nämlich einer ziemlichen Achterbahnfahrt: von dem pfiffigen Kleinkind, das mit seinen knallroten Gummistiefeln in der Sommersonne stand und sich die Pfützen so fest herbeiwünschte, bis ein Platzregen niederging, hin zu dem verschüchterten Schulmädchen, das sich für dumm und wertlos hielt. Von der hochgradig depressiven jungen Mama bis hin zur Content Creatorin, die jede Menge Spaß am Leben hat und es liebt, die Menschen zum Lachen zu bringen. Lange Jahre habe ich geglaubt, dass ich dem Schicksal mit all seinen Wendungen ausgeliefert bin. Wie ein Boot ohne Steuer, das auf einem Fluss treibt – mal ruhig, mal als Spielball der Wellen und hin und wieder kurz vor dem Kentern. An meinem allertiefsten Punkt begriff ich, dass ich eine Wahl habe: unterzugehen oder meine letzten Kräfte zusammenzusammeln, um mich aufzuraffen und das Steuer selbst in die Hand zu nehmen.

In all den schweren Phasen hätte ich mir jemanden gewünscht, der mich an der Hand nimmt und sagt: »Ich kenne das. Du kommst da raus. Du schaffst das. Alles wird gut.«

Aus dem Grund habe ich auch dieses Buch geschrieben: um euch teilhaben zu lassen an meinem Leben und meiner Heilung. Ich möchte euch von meinen schönsten und meinen traurigsten Momenten erzählen und davon, wie es mir gelang, mit dem richtigen Mindset das Glück in meinem Leben zu manifestieren. Und ich möchte all die Tools, die mir auf meinem steinigen Weg geholfen haben, mit euch teilen. Um euch Mut zu machen. Denn auch ihr seid es wert, das Glück zu finden und euer wahres Potenzial zu entfalten.

Eure Randa

Einleitung

Wir alle kennen sie, die Miesmacher: Ob wir nun eine neue Idee haben, ein tolles Projekt planen, kleine Erfolge feiern oder uns einfach mal lustig, schön, kreativ finden – schon stehen sie bereit, um uns niederzumachen. Beharrlich erinnern sie uns an frühere Misserfolge, unterwandern unser Selbstvertrauen und geben uns das Gefühl, niemals gut genug zu sein. Ich rede nicht von den Hatern auf Social Media, von gemeinen Kommentaren, von Leuten, die hinter unserem Rücken über uns herziehen. Die gibt es leider auch. Ich rede hier von den Stimmen, die in unserem Kopf leben: den inneren Kritikern, die uns herabsetzen, uns demütigen, kleinhalten wollen.

Oft hören wir sie nicht mal bewusst, sondern fühlen uns ganz automatisch ausgebremst und ersticken unsere kreativen Ideen, unsere positiven Gedanken und unseren Wunsch nach Glück im Keim. Manchmal aber dringt ihre Botschaft klar zu uns durch: »Pass bloß auf. Das schaffst du sowieso nicht.« – »Brauchst gar nicht erst anfangen, du bist einfach nicht gut genug.« Und was tun wir? Statt solche Aussagen in Zweifel zu ziehen, erkennen wir sie als wahr an. Und setzen oft auch noch einen drauf: »Kannst gleich aufgeben!«

Würden wir diesen Stimmen mal einen ganzen Tag lang zuhören und uns aufschreiben, was sie uns einreden, wir wären erschüttert. Keiner Freundin, keinem Freund würden wir erlauben, so mit uns zu reden, wie wir es mit uns selbst tun.

Aber woher kommen sie eigentlich, diese inneren Kritiker?

Aus der Psychologie weiß man, dass besonders Kinder die Aussagen von Autoritätspersonen als wahr anerkennen. Sie ziehen sie nicht mal eine Sekunde lang in Zweifel! Wenn sie sie öfter zu hören bekommen, glauben sie daran und verinnerlichen sie: »Du bist dumm.«– »Du bist zu dick.« – »Du bist unsportlich.« – »Du bist unmusikalisch.« – »Du bist viel zu schüchtern.« – »Das schaffst du nie.« Und der kleine Junge, der sich als Mädchen kleiden will, bekommt vielleicht zu hören: »Das ist falsch, das tut man nicht.«

Jetzt ist es nicht unbedingt so, dass die Eltern ihr Kind bewusst oder gar mit böser Absicht in die Schranken weisen wollen. Meist haben sie diese einschränkenden Glaubenssätze selbst von ihren Eltern oder Großeltern zu hören bekommen und als Wahrheit verinnerlicht. Ein typisches Beispiel dafür? »In unserer Familie hat noch niemand Abitur gemacht. Also: Schuster, bleib bei deinem Leisten ...«

Vielleicht haben sie sich auch gegen solche pauschalen Aussagen zur Wehr gesetzt und sind dann doch gescheitert. Haben das Abitur machen wollen und mussten in der Oberstufe die Schule abbrechen. Haben geträumt, hoch hinausgewollt und sind unsanft in der Realität gelandet. Hinter ihren Worten steckt dann vor allem das Bedürfnis, uns zu schützen: vor herben Enttäuschungen, vor Scham, vor dem Versagen.

Was auch immer die Motivation ist – die Wirkung von negativen Glaubenssätzen ist zerstörerisch. Denn sie können ein Leben lang dafür sorgen, dass Selbstzweifel in uns aufsteigen. Und die können so massiv werden, dass sie krank machen, zu Ängsten, Panikattacken und Depressionen führen.

Nicht nur enge Verwandte sind die Ursache für die kritischen Stimmen in unserem Innern. Auch andere Autoritätspersonen, wie Lehrer oder Trainer, haben die Macht, uns glauben zu lassen, dass wir dumm, hässlich, nicht genug sind. Ihre Aussagen sind besonders problematisch, weil die Eltern oft nichts davon ahnen. Negative Urteile ziehen tiefe Scham nach sich, die Kinder schweigen – und nehmen wehrlos hin, dass ihr Selbstbild Risse bekommt. Die Eltern spüren vielleicht, wie sich etwas in ihrem Kind verändert. Wie die Selbstverständlichkeit, mit der es durchs Leben und auf andere Menschen zuging, plötzlich schwindet, als hätte sich ein Schatten über seine Seele gelegt. Was sie auch spüren werden, ist, dass sämtliche Beteuerungen, wie einzigartig, wie liebenswert ihr Kind sei, irgendwie verpuffen. Und das hat einen Grund.

Wenn die Botschaften von Eltern und anderen Autoritätspersonen sich widersprechen, siegt fast immer das Negative. Denn in unserer Gesellschaft ist es üblich, sich auf die Schwachstellen zu konzentrieren. Auf sogenannte Fehler. Auf das, was noch »verbesserungswürdig« ist. Das fängt schon in der Schule, teils sogar im Kindergarten an. Und so werden eben die negativen Glaubenssätze vom Kind als Wahrheit anerkannt.

Klar ist: All diese Botschaften wirken, als wären sie in Stein gemeißelt. Einmal verinnerlicht, ist es immens schwer, sie auszuradieren. Und wer es dennoch schafft, sich zu behaupten, wer im Leben erfolgreich ist und in der Lage, aus seinem Potenzial zu schöpfen, sieht sich später häufig mit dem sogenannten Hochstapler-Syndrom konfrontiert. Selbst Figuren des öffentlichen Lebens, wie Michelle Obama, und Stars wie Lady Gaga leiden darunter. »Ich fühle mich immer noch wie ein Loser in der Highschool und muss mich selbst jeden Morgen daran erinnern, dass ich ein Star bin«, gab Lady Gaga in einem Interview preis.

Dieses Phänomen ist auch unter dem Namen »Imposter-

Syndrom« bekannt (von impost, engl. Betrug). Es bezeichnet eine Wahrnehmungsverzerrung, die viele von uns kennen und längst für normal halten. Wann immer wir Erfolg haben, schleicht sich das Gefühl ein, diesen Erfolg in Wahrheit gar nicht zu verdienen. Dann glauben wir, dass wir einfach Glück hatten, noch mal davongekommen sind, dass die äußeren Umstände einfach zu unseren Gunsten waren. Aber mit wahrer Begabung, mit Können – so denkt man – hätte das gar nichts zu tun. Deshalb redet man seine Erfolge klein. Und wenn mal was schiefgeht? Klar, man ist halt ein Versager.

Das Tückische am Hochstapler-Syndrom: Die Angst, ja, die Überzeugung, nicht gut genug zu sein, führt oft zu übertriebenem Perfektionismus. Und der erzeugt noch mehr Druck.

Vielleicht kennst auch du diesen Teufelskreis: Am Anfang steht eine Herausforderung, ein neues Projekt, mit dem du beauftragt wirst. Warst du zu Beginn noch stolz, dass andere dir das überhaupt zutrauen, und voller positiver Energie, setzen nach und nach Selbstzweifel ein: Schaff ich das wirklich? Wäre nicht jemand anders viel besser dafür geeignet?

Diese Selbstzweifel nagen an dir, verderben dir die Freude an der Aufgabe. Sie können sich zu Ängsten und gar zur Panik steigern, rauben dir nachts den Schlaf und stören deine Konzentration. Das kann so weit gehen, dass du nicht mehr in der Lage bist, zu handeln. Vielleicht schiebst du Dinge auf und sabotierst dich selbst. Und machst dich deshalb gleich noch mehr fertig. Oder aber du arbeitest wie besessen, tust weit mehr als andere, bereitest dich doppelt so intensiv vor. Weil du ständig glaubst, dich beweisen zu müssen.

Schaffst du es trotz deiner Selbstzweifel, dein Projekt erfolgreich zu beenden, macht dein innerer Kritiker jegliche Gefühle von Stolz, Freude und Selbstwert schnell zunichte. Er findet garantiert etwas, was er an deiner Performance auszusetzen hat. Und wenn jemand dir eine positive Rückmeldung gibt? Dann tust du sie ab, redest sie klein. Denn tief im Innern bist du überzeugt, dass du es eben doch nicht draufhast. Die Selbstzweifel kehren zurück, und bei einigen Menschen gesellt sich dann eben noch die Angst hinzu, von anderen als Betrüger, als Hochstapler entlarvt zu werden. Selbst- und Fremdwahrnehmung klaffen in solchen Situationen völlig auseinander. Das Traurige daran ist, dass sie von uns nicht mal ein ehrlich gemeintes Kompliment annehmen können. Sie haben niemals das Gefühl, so, wie sie sind, genug und von Wert zu sein.

Meine eigene Geschichte ist voll von Negativ-Botschaften. Das lag jedoch nicht an meinen Eltern. Sie liebten und unterstützten mich, wo sie nur konnten. Das kleine Mädchen, das meine Eltern voller Wärme heranzogen, glaubte noch an sich, es träumte, und zwar groß! Es fand sich schön, war lustig, spontan, manchmal nachdenklich und fast immer glücklich. Wenn mein Papa mich fragte, was ich mal werden wollte, sagte ich: »Prinzessin. Oder Millionärin.« Später dann: »Ärztin!« Denn anderen Menschen dabei zu helfen, wieder gesund zu werden, das war in meinen Augen wirklich das Größte.

Doch in meiner Geschichte gibt es einen Bruch. Denn ich bin Legasthenikerin. Etwas, was im Jahr 1992, als ich in die Schule kam, niemand erkannte. Statt zu glänzen, scheiterte ich, und zwar schon an den kleinsten Aufgaben. Ich kannte die Buchstaben, aber sie ergaben für mich keinen Sinn, wenn ich sie zusammensetzte. Lesen war eine Tortur. Und das war nicht nur auf den Deutschunterricht beschränkt. Textaufgaben im

Rechnen stellten mich vor unlösbare Probleme. Die Lehrerinnen und Lehrer waren schnell und vernichtend mit ihrem Urteil und ließen mich spüren: »Mit dir stimmt was nicht. Du bist dumm.«

Es tat so weh, dieses Gefühl, nicht zu genügen. Ich schämte mich so.

Dagegen konnte selbst die Liebe meiner Familie nichts ausrichten. Ein schwarzes Loch tat sich in mir auf, ich entwickelte starke Ängste. Und zweifelte an den Worten meiner Eltern. Sah, wie meine Träume sich auflösten. Ärztin? Dafür musste man richtig schlau sein, etwas können. Aber ich? Ich war ja dumm.

Doch gab ich nicht auf, ich strengte mich an, suchte nach Strategien, kämpfte für mich selbst. Aber diese ständige Stimme aus dem Off, die mich niedermachte, war einfach übermächtig. Später, als ich eine schwere Depression entwickelte, stand ich irgendwann an einem Scheideweg. Entweder, ich gab mich auf – oder ich suchte nach einem Weg, um zu heilen. Mit viel Liebe, Unterstützung und auch Mut gelang es mir, zurück zu mir, zu meinem wahren Potenzial zu finden.

Seither weigere ich mich, diesem inneren Kritiker so viel Macht zu geben. Ich nenne ihn den miesen Verräter, denn damit kann ich umgehen. Kann ihm das Maul stopfen, wenn er mal wieder so richtig über mich herzieht. Wie ich das geschafft habe?

Mit dem **Randa-Prinzip**, das ich dir in diesem Buch vorstelle und mit dem wir uns in den hinteren Kapiteln ausführlicher beschäftigen. Es besteht aus fünf Schritten, die mich aus meinen Selbstzweifeln, meiner inneren Erschöpfung und diesem übermächtigen Gefühl von Wertlosigkeit herausgeholt haben.

Der erste Schritt ist das Anerkennen, dass irgendetwas nicht richtig läuft im Leben, sich falsch anfühlt.

Der zweite Schritt geht ein Stück tiefer, in die Beobachtung hinein. Was ist es, was mich runterzieht? Mich triggert?

Der dritte Schritt beschäftigt sich mit der Frage: Was muss passieren, damit es mir gutgeht? Wie soll die Veränderung aussehen? Sobald wir ein Ziel vor Augen haben, können wir konkret damit arbeiten: mit Hilfe eines Vision Boards, mit Affirmationen, dem Nein-Sagen. Und mit Dankbarkeit für das Gute, das schon in unserem Leben ist.

Der vierte Schritt ist die körperliche Bewegung. Es ist immer wieder spannend zu erleben, wie viel besser wir uns fühlen, wenn wir unsere Bequemlichkeit überwinden. Und wenn es nur ein Spaziergang ist. Dann atmen wir tiefer, der Körper wird besser durchblutet, wir spüren uns wieder.

Der fünfte Schritt ist die Dankbarkeit. Wir lernen, wieder stolz auf das zu sein, was wir erreichen. Freuen uns über uns selbst, unsere Ideen. Sind dankbar dafür.

Ich will ganz ehrlich sein: Auch wenn wir in die Heilung gehen, sind sie immer noch da, die miesen Verräter. In Dauerschleife wiederholen sie ihre Negativ-Sätze und graben ständig neue Gemeinheiten aus. Doch wenn wir in der Lage sind, sie als das zu identifizieren, was sie sind – nämlich längst vergangene Urteile, die nichts mit der Realität, nichts mit der Wahrheit zu tun haben –, dann verlieren sie an Macht. Ich weiß, wovon ich rede:

Ein Date mit meinem Mann, fünf Minuten vor dem Spiegel? »Boah, wie seh ich denn heute aus …« Stopp, finde ich mich gerade wirklich hässlich? Ich muss bloß in meinen Bauch spüren, dann weiß ich es: Ach ja, der miese Verräter mal wieder.

Oder wir haben für meinen Instagram-Kanal ein neues Video gedreht. Noch bevor ich es mir überhaupt ansehe, höre ich da auch schon diese Stimme in meinem Kopf: »Ach du Scheiße, was hab ich denn da wieder gemacht!« Hallo, du Miesmacher!

Ob mein mieser Verräter mich einfach nervt oder ob er es an schlechten Tagen doch wieder schafft, mich in die Falle der Selbstzweifel und Versagensängste zu ziehen: Sobald ich mich an die fünf Schritte erinnere, verliert das Negative seine Macht über mich. Und dann erlebe ich Momente, in denen ich mich völlig frei fühle, in denen ich stark bin, glücklich, ganz in meinem Element.

Genau das möchte ich mit dir teilen.

KAPITEL 1

Zwischen zwei Welten

In meinem Leben hat Dankbarkeit einen immens wichtigen Stellenwert. Ich bin dankbar für meine Kinder und meinen Mann. Für meine Familie, meine Freundinnen und Freunde. Für meinen Job, der einen großen Teil meines Lebens ausmacht, und für die liebste Community der Welt, die immer an meiner Seite steht und mich bei allem unterstützt. Ich bin auch dankbar für kleine Dinge, das Gänseblümchen auf der Wiese hinterm Haus, die Nachbarin, die mich freundlich anlächelt … und für all das, was für viele von uns selbstverständlich ist, nicht aber für einen Großteil der Menschen auf unserer Erde: ein Dach überm Kopf, fließend Wasser, genug zu essen.

Eine Erinnerung steigt in mir auf …

Sommer 1989

Ich sitze am großen Esstisch in unserer Wohnung in Berlin-Lichtenrade. Mama kocht, der Duft von Zimt kitzelt meine Nase. Ich spiele mit meinen Polly Pockets, aber irgendwie finde ich sie langweilig. Dauernd muss ich daran denken, dass es neue Polly

Pockets gibt. Ein Mädchen aus unserer Straße hat eine bekommen, mit blondem Pferdeschwanz. Die hätte ich so, so gerne!

Ich rutsche vom Stuhl und laufe zu Mama in die Küche. Sie steht am Herd und rührt im Topf, damit nichts anbrennt.

»Mama? Kann ich bitte, bitte eine neue Polly Pocket haben? So eine mit Pferdeschwanz? Die Natalie hat auch eine …«

Mama rührt weiter im Topf.

»Du hast doch schon welche. Sei dankbar für das, was du hast. Ich hatte gar nichts«, sagt sie.

Ich will weiter quengeln und drängeln, aber irgendwas hält mich davon ab. Ich zögere … Ich will die Puppe so sehr! Aber Mama sagt das nicht einfach so. Als sie zwölf war, musste sie fliehen. Da war Krieg. Was sie zu fassen bekamen, haben sie in den Lkw von ihrem Papa geladen, dann sind sie losgefahren. Das war ganz schön gefährlich. Am Straßenrand brannte es, überall lagen Menschen, die bluteten und sich nicht mehr bewegten. Ein Stück vor ihr fuhr ihr Onkel, sein Auto wurde von einer Bombe getroffen. Als es nicht mehr weiterging, mussten sie fast alles zurücklassen und zu Fuß um ihr Leben rennen.

Mama hatte gar kein Spielzeug mehr. Ich kann mir das überhaupt nicht vorstellen. Ohne meine Polly Pockets will ich nirgendwohin.

Wenn Mama davon erzählt, klingt es für mich wie ein gruseliges Märchen. Da gibt es auch Bösewichte, und die guten Menschen geraten in Gefahr. Doch die Geschichten gehen immer gut aus.

Ich bin froh, dass Mamas Märchen auch gut ausgegangen ist. Vielleicht brauche ich ja wirklich keine neue Polly Pocket. Ich könnte mir ein neues Spiel ausdenken. Ideen kann man immer mitnehmen, auch wenn man fliehen muss.

Meine Eltern erzählten uns oft von den Entbehrungen und dem Grauen ihrer Kindheit. Für meine Geschwister und mich war das alles ganz normal. Zum Schrecken der anderen Kinder und der Erzieher erzählte ich während der Frühstückspause im Kindergarten gerne mal, was ich zu Hause so aufgeschnappt hatte: »Mein Papa wurde als kleines Kind angeschossen. Da ist sein halber Darm aus dem Loch in seinem Bauch gequollen.«

Ich sah die Narben am Körper meines Vaters. Versuchte mir vorzustellen, wie meine Mutter das schöne Haus, in dem sie gelebt hatten, mit leeren Händen verlassen musste. Doch der Schmerz, der in meinen Eltern steckte, erreichte mich nicht, sie hatten ihn eingekapselt, und er brach nur selten aus ihnen heraus, zeigte sich an der Oberfläche. Wenn meine Mama plötzlich Angst bekam, dass uns etwas passieren könnte. Oder wenn der Blick meines Papas sich in der Vergangenheit verlor. Es war, als hätten sie mit sich selbst die Vereinbarung getroffen, uns Kindern den Schmerz zu ersparen und uns eine glückliche, behütete Kindheit zu schenken.

Dabei hatte alles ganz dramatisch begonnen.

Tausendundeine Nacht in Lichtenrade

»Damals, in Palästina ...« So begann mein Vater seine Geschichte, wenn wir sonntagnachmittags um den Couchtisch zusammensaßen und vom Obstteller Datteln und Feigen naschten. Dann erzählte er, wie er als Dreijähriger mit seinen Freunden ein Stück die Straße hinunter gespielt hatte. Sieben

Kinder waren sie gewesen, als plötzlich ein Jeep angefahren kam. Aus dem Fenster ragte der Lauf eines Maschinengewehrs, es ratterte, alle sanken getroffen zu Boden. Ein Nachbar rannte aus seinem Haus, sah nach, ob irgendeines der Kinder überlebt hatte. Nur mein Vater atmete noch. Doch er hatte mehrere Bauchschüsse abbekommen, seine Gedärme traten aus der schützenden Bauchhöhle und quollen auf den Staub der Straße. Der Nachbar packte ihn, presste die bloßen Hände auf die Wunden und rannte zur nächsten Rettungsstation.

Mein Vater war an diesem Tag nicht das einzige Opfer. Überall herrschte Chaos. Als seine Eltern ihn suchten, befand er sich nicht mehr auf der Station, und alle dachten, er sei gestorben.

Drei Monate später las sein ältester Bruder in den Anzeigen der Überlebenden den Vornamen meines Vaters, Naim, und sein Alter. Es war ein ungewöhnlicher Name, so dass mein Onkel Hoffnung schöpfte. Schnellstmöglich machte er sich auf den Weg in die Nachbarstadt – und fand ihn tatsächlich in einem Waisenhaus.

Manchmal zeigte unser Papa uns die Narben an seinem Bauch oder deutete auf die fehlende Fingerkuppe: »Die wurde mir auch weggeschossen.« Für mich war es irgendwie selbstverständlich, dass Eltern Schussverletzungen hatten. Und so locker, wie mein Papa davon erzählte, hörte sich das Ganze für mich wie eine Lucky-Luke-Geschichte an. Welche Schmerzen dahintersteckten, durch welche Einsamkeit er als schwerverletztes Kleinkind gegangen war, ja, was Krieg wirklich bedeutet, das begriff ich damals nicht.

Mein Vater besuchte die internationale Schule in Jericho. Als er vierzehn war, hatte er einen Lehrer aus Stuttgart im Werkunterricht. Bei ihm lernte er das Polstern und stellte sich so geschickt an, dass der Lehrer vorschlug, er solle doch nach

Deutschland kommen, bei ihm wohnen und eine Lehre machen. Dann könnte er später an der Schule arbeiten und anderen das Handwerk beibringen. Nachdem der Lehrer zurück nach Deutschland gegangen war, machte mein Vater sich tatsächlich auf den Weg. Zwei Wochen brauchte er mit Bussen, dem Schiff und Zügen, arbeitete in Häfen, um etwas Geld für die Weiterreise zu verdienen, und traf eines Abends in Stuttgart ein. Ein Jahr sollte die Lehrzeit dauern. Doch der Lehrer und auch sein Chef in der Firma, in der er bald eine Anstellung fand, baten ihn zu bleiben, da sie seine Fähigkeiten so schätzten. Was mein Vater denn auch tat.

Einmal reiste er nach Berlin. Zufällig war es der Tag, an dem John F. Kennedy seine berühmte Rede hielt, die mit den Worten »Ich bin ein Berliner« endete. Mein Vater stand in der Menge und war fasziniert. Die damals noch geteilte Stadt, die nach wie vor Spuren des Krieges aufwies, fühlte sich für ihn wie eine zweite Heimat an. Und so fasste er den Entschluss, eines Tages dorthin zu ziehen.

All die Jahre fuhr er im Sommer für zwei Wochen nach Jordanien, um seine Familie zu besuchen. Eines Tages lernte er flüchtig ein Mädchen kennen und erkundigte sich nach ihr. Sie hieß Najieh. Ihre Mutter fragte sie, ob sie sich vorstellen könne, den jungen Mann kennenzulernen. Najieh war sehr angetan von ihm und stimmte sogleich zu. Zwischen meinen Eltern war es Liebe auf den ersten Blick. Als der Urlaub meines Vaters zu Ende ging, gaben sie sich das Eheversprechen und feierten Verlobung. Meine Mutter hat das Kleid, das sie damals trug, noch heute.

Im Jahr darauf folgte sie meinem Vater nach Berlin, wo er zwischenzeitlich hingezogen war und eine neue Stelle gefunden hatte.

So richtig Zeit, sich aneinander zu gewöhnen und das gemeinsame Leben zu planen, hatten meine Eltern nicht, denn schon im nächsten Februar brachte meine Mutter Zwillinge zur Welt. In ihrer Heimat hatte sie das Abitur gemacht, doch kurz nach ihrem neunzehnten Geburtstag war ihr Vater plötzlich verstorben, und als Älteste hatte sie eine Menge Verantwortung für ihre acht jüngeren Geschwister übernommen. In Berlin vermisste sie ihre eigene Mutter und die Geschwister, die in Jordanien geblieben waren, und die Aussicht, eine eigene Familie in der neuen Heimat zu gründen, machte sie glücklich. Auch bringen Kinder die Menschen miteinander in Kontakt, und so konnte sie sich leichter in der großen, fremden Stadt einleben.

Im Hochsommer, sechseinhalb Jahre nach den Zwillingen, wurde ich geboren. Dreiundzwanzig Stunden lag meine Mutter in den Wehen. Mein Vater musste damals vor dem Kreißsaal warten. Als die Hebamme mich in seine Arme legte, griff ich seinen linken Zeigefinger und hielt ihn fest umklammert. »In dem Moment hast du mein Herz gestohlen«, erzählt er heute noch.

Ich erlebte Jahre voller Geborgenheit. Wir wohnten in Lichtenrade, einer grünen, kinderfreundlichen Gegend ganz im Süden Berlins. Menschen mit arabischen Wurzeln gab es außer uns dort nur wenige. Und so lebten wir in einer kleinen Blase, in der meine Eltern ihre Traditionen und Werte bewahrten. Zugleich schätzten sie ihre neue Heimat und hießen all unsere Freundinnen und Freunde immer willkommen.

Meine Mutter ist eine echte Vollblutmama und liebte es schon immer, ihre Familie zu umsorgen. Ständig brutzelte und köchelte etwas auf dem Herd. Das gemeinsame Essen hatte einen großen Stellenwert bei uns zu Hause. Ein einziges Gericht schweigend essen und erst dann aufstehen dürfen, wenn alle fertig sind? Das gab es bei uns nicht. Der Tisch bog sich förmlich unter all den vielen verschiedenen Speisen, die meine Mutter auftischte. Während des Essens wurde erzählt, gelacht, sich ausgetauscht. Überhaupt war ständig etwas los. Freunde und Bekannte meiner Eltern kamen vorbei, aßen mit uns, und wenn es spät wurde, zogen meine Eltern die Couch aus, so dass unser Besuch bleiben konnte. Gastfreundschaft wurde großgeschrieben. »Geh niemals schlafen, bevor du nicht sicher sein kannst, dass dein Nachbar neben, hinter und vor dir auch nicht hungrig ist«, pflegte mein Vater zu sagen.

Wie sehr sich unser Zusammenleben von dem anderer Familien in der Umgebung unterschied, war mir anfangs nicht bewusst. Mein Vater sprach Deutsch mit uns, meine Mutter Arabisch. Ich verstand beide Sprachen, hatte mir aber angewöhnt, nur Arabisch zu sprechen, weil ich die meiste Zeit des Tages mit meiner Mama verbrachte. Als ich in den Kindergarten kam, musste ich erst mal eine Hürde überwinden und Deutsch reden. Da ich alles andere als schüchtern war, plapperte ich bald drauflos. Das machte mir so viel Spaß, dass ich ständig Leute auf der Straße ansprach, bevorzugt ältere Menschen, denn ich merkte schnell, dass sie mehr Geduld und auch Zeit hatten. Vielleicht konnten sie auch einfach nicht so schnell vor mir Reißaus nehmen.

Zu dem Zeitpunkt hatte ich schon meine erste große Liebe kennengelernt: ein rotes Dreirad. Meine Eltern hatten mich mit in die Stadt genommen und waren unvorsichtigerweise an der Spielzeugabteilung vorbeigekommen. Da stand es mit seinem glänzenden Lack und der Schiebestange und zog mich magisch an. Ich kletterte auf den harten Sattel – und war nicht mehr runterzukriegen. Meine Mutter und mein Vater setzten ihre vereinten Überredungskünste ein, aber für mich war klar: Dieses Dreirad gehörte zu mir.

Ich war damals ziemlich willensstark, und als meine Argumente nicht weiterhalfen, griff ich zu härteren Waffen und begann zu schreien. Wie die meisten Eltern in solch einer Situation fingen auch meine an zu schwitzen. Hinzu kam wahrscheinlich noch, dass sie als »Ausländer« auf keinen Fall auffallen wollten. Also gaben sie bald nach – und schoben mich über den Ku'damm. Ich war selig. Seit dem Tag waren mein Dreirad und ich unzertrennlich. Es schlief sogar abends neben meinem Bett.

Mein Vater war ein konfliktscheuer Mensch. Dass ich lange Zeit nicht nein sagen konnte, habe ich definitiv von ihm. Gemessen an den schrecklichen Ereignissen in seiner Kindheit und den vielen Verlusten, die er durchlebt hatte, wundert das nicht. Spannungen hatte es in seinem Leben genug gegeben, er sehnte sich nach Frieden und Harmonie. Wir Kinder nutzten das niemals aus. Wir verinnerlichten die Werte, die unsere Eltern uns vorlebten, lernten, dankbar für das zu sein, was wir hatten, und genossen es ansonsten, uns frei entwickeln zu können. Für meine Mutter war das sicher nicht immer leicht, besonders in meinem Fall, denn ich brachte sie in so manche peinliche Situation.

Im Kindergarten gab es eine Schminkecke, die ich liebte! Kein Tag verging, an dem ich nicht da saß, meinen kleinen Afro mit bunten Zopfgummis zu bändigen versuchte, die ohnehin dunklen Augenbrauen nachzog, mir die Lippen knallig anmalte und überhaupt recht einfallsreich mit den Gesichtsfarben hantierte. Über die Stunden hinweg verwischte dann das Ganze. Wenn meine Mutter mich abholte, sah ich zum Fürchten aus. Irgendwann fragte sie die Erzieher, ob sie mir das Schminken nicht vielleicht verbieten könnten. Sie ginge nämlich meist danach einkaufen und würde immer wieder von Leuten angesprochen werden, ob ich krank sei oder was, um Himmels willen, mit dem armen Kind passiert sei.

Hinzu kam mein etwas eigenwilliger Kleidungsstil. Meine ältere Schwester Sherin konnte schon sticken, das fand ich toll. Also lebte ich meine kreative Ader an meinen Hosen, Röcken und T-Shirts aus, bohrte die Nadel durch den Stoff und zauberte Muster, die nur mir gefielen. Um das Ganze noch persönlicher zu gestalten, schnitt ich Löcher in meine Hosen und bemalte den Stoff fröhlich mit Filzstiften. Ich weiß nicht, wie oft meine Mutter mir erklärte, dass ich die gute Kleidung nicht verschmieren sollte. Aber in meinen Augen war das kein Verschmieren, das war Mode!

Wenn ich mich heute an diese Zeit erinnere, versetzt es mir einen Stich, dass diese Lebendigkeit, dieses Selbstverständnis, das ich als kleines Kind besaß, schon wenig später zerstört werden sollte.

Damals ahnte ich nicht, was Herabsetzung und Demütigung bedeuteten, damals war das Leben noch magisch und voller Träume und Ideen.

Magisch war ganz sicher die Sache mit den Gummistiefeln. Meine Mama hatte mir bei einer Aldi-Aktionswoche Gummistiefel gekauft. Ich bekam nicht oft neue Sachen, einmal, weil ich sie sowieso designte, also zerschnitt, vor allem aber, weil ich die Kleidung meiner älteren Schwester auftrug. Diese Gummistiefel aber waren nagelneu, gehörten mir ganz allein, und sie waren knallrot. Einmal reingeschlüpft, wollte ich sie auf keinen Fall wieder ausziehen. Draußen war es warm, wenn nicht heiß, der Himmel wolkenlos blau – aber ich bestand darauf, die

Gummistiefel zum Spielen zu tragen. Eine meine Freundinnen hatte auch welche bekommen – und da standen wir, hielten uns an den Händen und wünschten uns ganz fest, dass es regnete. Selten hatte ich mich beim Wünschen mehr angestrengt. Und tatsächlich – Wind kam auf, und schon platschten dicke Tropfen vom Himmel und bildeten auf dem Pflaster Pfützen. Dieses Gefühl, da reinzuspringen!

So richtig magisch wurde es, als ich vier Jahre alt war. Ein Mädchen aus meiner Kindergartengruppe konnte schon Fahrradfahren. Das war eine ganz andere Nummer als das Dreirad. Ich selbst hatte es nie probiert, hatte keine Ahnung, wie man auf zwei Rädern das Gleichgewicht hielt – aber als wir für drei Tage auf Kindergartenfahrt gingen, nahm ich mir fest vor: Wenn meine Eltern mich wieder abholen, kann ich Rad fahren.

Die ersten Versuche endeten ziemlich kläglich – für das Rad wie auch für mich. Ständig fiel ich um. Das wurde auch am nächsten Tag nicht besser. Meine Erzieher bekamen mit, wie ernst es mir war, und ließen mich gewähren. Als ich mich kurz vor dem Ende der Freizeit noch immer nicht im Sattel halten konnte, sprach wirklich alles gegen mein Vorhaben. Doch ich dachte nicht daran, aufzugeben. Kaum sah ich, wie meine Eltern aus ihrem roten Opel stiegen, schnappte ich mir das Rad und rief lauthals: »Mama, Papa, ich kann Rad fahren!« Und dann strampelte ich drauflos. Diesmal schaffte ich es. Meine Eltern trauten ihren Augen kaum. »Tja,«, sagte ich, als ich knapp vor ihnen bremste. »Super, was? Hab ich mir selbst beigebracht.«

Im Grunde sprach ich damals meine allererste Affirmation. Ich stellte mir vor, dass ich etwas bereits konnte, sagte es mit Überzeugung – und manifestierte es.

Affirmationen – positive und wertschätzende Aussagen, die man sich selbst vorsagt – haben in meinem Leben einen großen Stellenwert. Dabei geht es nicht darum, etwas in sein Leben zu ziehen, was man unbedingt will, nur weil das Ego es einem einflüstert. »Remember your future« ist mein Zauberwort: Erinnere dich an deine Zukunft. Was vielleicht paradox klingt, ist nichts anderes, als in sich hineinzuspüren, seiner Intuition zu folgen und die Dinge zu bestärken, die in einem liegen, zu einem gehören. Doch dazu später mehr. Erst mal bekam ich ein eigenes Fahrrad, klapprig und rostig, aber es fuhr. Was nicht hieß, dass ich mein Dreirad vernachlässigt hätte, das hatte immer noch einen Ehrenplatz in meinem Herzen.

Durch die Freundschaften, die ich mit anderen Kindern schloss, merkte ich die Unterschiede der zwei Welten, in denen ich mich bewegte. Da war das Essen. War ich zu Besuch bei einer Freundin, sollte ich meist zeitig abgeholt werden – das Abendessen war den Familien vorbehalten. Ganz anders bei uns zu Hause. Meine Mutter bewirtete jedes Kind so, als hätte es den ganzen Tag gehungert, und selbstverständlich konnte es mit unserer ganzen Familie zu Abend essen.

Dann die Gewürze. Durfte ich doch mal bei anderen Kindern mitessen, schmeckte alles so ungewohnt fade, nach Salz und sonst nichts. Meine Mutter hingegen briet Zwiebeln an und Knoblauch, hinzu kamen Kardamom, Kurkuma, Muskat, Nelken, Zimt, Safran ... Ein Duft, der meine Kindheit prägte, mir und auch meinen Kleidern anhaftete und natürlich etliche Hänseleien nach sich zog.

Die anderen Kinder liebten die Küche meiner Mutter. Überhaupt waren sie gern bei uns. Auf dem Tisch stand eine große Schale mit Süßigkeiten, an der wir Geschwister uns bedienen konnten, wann immer wir wollten. Meine Mutter hatte richtig kalkuliert: Dadurch, dass Süßes nicht verboten war, verloren wir das Interesse daran. Meine Freundinnen und Freunde aber bekamen große Augen, wenn sie die Süßigkeitenschale sahen und sich ganz selbstverständlich etwas daraus nehmen durften. Viel leckerer fand ich die Obstteller, die meine Mutter uns zwischendurch reichte: frische Datteln, Feigen, Granatäpfel, dazu Pistazien, Kürbiskerne und andere Leckereien, die es in türkischen Supermärkten zu kaufen gab.

An Geburtstagen kochte meine Mutter noch intensiver als sonst und bewirtete meine kleinen Gäste mit den köstlichsten Gerichten aus ihrer Heimat. Das war ihre Art, mir zu sagen, wie glücklich sie war, meine Mama zu sein. Und wie sie meine Freundinnen und Freunde schätzte. Das war ja alles schön und gut, doch ich wusste sowieso, wie lieb sie mich hatte – und wünschte mir nichts mehr als einen »normalen« Geburtstag: ein mit Luftballons geschmücktes Wohnzimmer, eine Schnitzeljagd und einen Besuch bei McDonald's.

Was für mich nur ein kleines kulturelles Unbehagen war, muss sich für meine Eltern wie Zerrissenheit angefühlt haben. Denn je mehr wir alle uns anpassten, umso mehr verblassten die Gebräuche ihrer Heimat.

Im Sommer fuhren wir nach Jordanien, wo ich meine zahlreichen Verwandten traf. Das war immer ein großes, inniges Wiedersehen, und ich durfte erleben, was es heißt, wenn man eine richtig, richtig große Familie hat – etwas, was in Deutschland ja nicht der Fall war. In den Augen unserer Verwandten aber waren meine Geschwister und ich die Außenseiter, wuchsen wir doch in der Fremde auf. Und wenn ich auf deutsche Art meinen Geburtstag feiern wollte, verstand das außer meinen Eltern und Geschwistern niemand.

Viele Migrantenkinder kennen dieses Gefühl, zwischen zwei Welten zu leben. Als kleines Mädchen fiel es mir eher leicht, denn ich fühlte mich in mir selbst zu Hause. Selbstzweifel, sogar Scham kamen erst später, als ich angreifbar geworden war. Doch noch war es nicht so weit, noch sog ich die Geborgenheit meiner Familie und meiner beiden Welten in mich auf, als ahnte ich, dass ich sie später bitter nötig hätte.

Mein Vater hatte inzwischen einen Antiquitätenladen eröffnet, in dem ich viele Nachmittage verbrachte. Schon beim Betreten fühlte ich mich, als ginge ich auf Zeitreise. Im Erdgeschoss lebte Papa seine Vorliebe für Kristall aus. Von der Decke hingen die unterschiedlichsten Kronleuchter herab. Kleine Regenbogen tanzten über die Wände, wenn Licht durchs Fenster fiel und sich in dem geschliffenen Glas brach. Auf den Verkaufstischen stapelten sich Kristallschalen und -vasen, dazwischen feines Meißner Porzellan.

Mich zog es immer in den ersten Stock, die Treppe hinauf und der Nase nach. In der Luft hing der Geruch von vergilbtem Papier, Leim und Leder, dazu ein Hauch Moder, der Stufe um Stufe intensiver wurde. Mein Vater hatte dort eine Leseecke eingerichtet. Auf den Regalbrettern stapelten sich alte Bücher, die Seiten längst vergilbt, dazu Fotoalben und persönliche Aufzeichnungen. Ich blätterte sie oft durch und betrachtete die Schwarz-Weiß-Fotos von Menschen, die längst gestorben waren und deren Leben hier in einer Nische konserviert war. So ernst sahen die Leute aus, deren Porträts mir entgegenblickten. Und so komisch die Autos, die Straßenbahnen, die Uniformen und Kleider, die von einer längst vergangenen Zeit erzählten und diese für mich ein Stück weit lebendig machten. Ich versuchte mir vorzustellen, wie die Menschen gelebt hatten, worüber sie gelacht hatten und ob ihre Kinder so wie ich durch Pfützen gesprungen waren. Jahre später, in der Schule, wurde Geschichte mein Lieblingsfach. Da schloss sich ein Kreis, und ich konnte die Zeitzeugnisse, die hier durch meine Finger glitten, in das Weltgeschehen einordnen.

Noch viel extremer war das Gefühl, in fremde Leben einzutauchen, wenn mein Vater meine Geschwister und mich zu Wohnungsauflösungen mitnahm. Jedes Zuhause war anders, das eine karg, das nächste schmutzig, und wieder ein anderes richtig gemütlich. Papa schärfte uns ein, jede Wohnung mit Respekt zu betreten und alles – ob teuer, ob billig, ob neu, ob abgenutzt – entsprechend sorgsam zu behandeln. Denn in jeder Wohnung, in jedem Gegenstand, so sagte er, stecke das Leben eines anderen Menschen.

Ehrfürchtig berührte ich die Broschen, die Kleider, stand vor den Bildern und malte mir aus, wie es in den einzelnen Zimmern ausgesehen hatte, als dort noch jemand lebte.

Eine Wohnung werde ich nie vergessen. Sie erstreckte sich über mehrere Hundert Quadratmeter und war vollgestellt mit Kartons. Die Frau, die dort lange Jahre gelebt hatte, war kaufsüchtig gewesen und hatte Unmengen von Waren bestellt, ohne sie je ausgepackt zu haben. Vorsichtig spähte ich in die Kartons, bewunderte die Spitzenhandschuhe, so viele, dass ich sie noch nicht zählen konnte. Dann die Schuhe! Aus Leder, zum Tanzen gedacht und nie benutzt.

Ein Filmverleih übernahm letztlich einen großen Teil der Kleidung. Seit zwanzig, dreißig Jahren lagerte sie in ihrer Originalverpackung und wartete darauf, getragen zu werden. Die perfekte Ausstattung für Filme, die in einer Zeit spielten, die mein Vater noch gekannt hatte.

Das Ausmaß an Waren faszinierte mich, doch es erschlug mich fast. Da hingen Überfluss und Traurigkeit in den Wänden. Vielleicht war die Frau ganz allein gewesen, und die Dinge hatten ihr Gesellschaft leisten sollen.

Auch das war einer der Momente, in denen ich dankbar war: dass Papa und Mama uns lieb hatten und uns ein so schönes, lebendiges Zuhause schufen, das nicht viele Sachen brauchte. Dass sie den Krieg, die Schüsse, die Bomben überlebt hatten.

Wer die Sprache der Dankbarkeit spricht,
versteht die Melodie des Lebens.

Arabisches Sprichwort

Annehmen

Ich bin ein hoch sensibler Mensch. Ich sauge die Stimmungen anderer Menschen in mich auf und durchlebe selbst ständig die ganze Palette an Gefühlen, die das Leben zu bieten hat. Ob Traurigkeit, Panikattacken, Existenzängste, physischer Schmerz, Sorge um meine gesamte Familie, aber auch jede Menge Spaß und unfassbares Glück: Wann immer ich dankbar für die damit verbundene Erfahrung bin, nehme ich sie als Teil meines Lebens an. Und dann? Dann kann ich einen Schritt von mir selbst zurücktreten und das Vertrauen finden, dass ich damit umgehen lerne: mit dem Schmerz, mit dem Erfolg, mit der Angst, mit dem Glück. Deshalb ist Dankbarkeit in meinem Leben der Schlüssel.

Es gibt viele Möglichkeiten, Dankbarkeit in sein Leben zu lassen: mit einem Dankbarkeitstagebuch und auch mit den Tools, die ich dir in diesem und im letzten Kapitel vorstelle und die fest zu meinem täglichen Leben dazugehören.

Die folgende Übung stammt von meinem Coach Issa Ismailat, der mich seit 2022 begleitet und dessen wertvolle Übungen und Weisheiten ich in diesem Buch mit euch teilen möchte. (Im Anhang und auf Instagram unter @issa.ismailat könnt ihr mehr über ihn erfahren.)

DANKBARKEIT IST DER SCHLÜSSEL

Wenn du Dankbarkeit empfindest, verstärkt es die Eigenschaft dessen, wofür du dankbar bist.

In dem Moment, in dem du dankbar bist für dein Leben und alles, was darin ist – sei es Glück oder Leid, Sonnenschein oder Sturm –, wirst du die innere Erfüllung spüren, umgeben von unermesslichem Reichtum.

Dankbarkeit macht dich lebendig im Hier und Jetzt. Du lässt dich nicht von Vergangenheit oder Zukunft vereinnahmen, von dem, was hätte sein können oder was noch kommen mag. Du spürst keine Reue, keine Erwartungen. Du genießt den Regen, das Licht, die Dunkelheit – jedes Element des Lebens ist ein Geschenk.

Du erkennst den Wert dessen, was du hast und wer du bist. Du feierst deine Reise und auch die Kraft, die es dich gekostet hat, bis hierher zu gelangen.

Übung

Finde jeden Tag drei Dinge,
für die du dankbar sein kannst.

1. Ich bin dankbar für:

Weil:

2. Ich bin dankbar für:

Weil:

3. Ich bin dankbar für:

Weil:

Halte nach dem Ausschau, was kaum jemand sieht.

Sei dankbar für die Möglichkeiten, die du jeden Tag geschenkt bekommst.

Ganz ehrlich: Wenn ich durch eine schwere Phase gehe, bin ich auch erst mal am Hadern, frage mich: Warum muss das denn wieder sein? Doch seit ich bewusst übe, dankbar zu sein, finde ich schneller wieder in meine innere Mitte, wenn mich etwas durchrüttelt.

In den vergangenen Jahren ist mir etwas bewusst geworden: Dankbarkeit endet nicht bei dem Guten, das mir widerfährt. Sie schließt auch die bedrückenden, die traurigen, ja, selbst die schwärzesten Momente meines Lebens ein. Entbehrungen, Demütigungen, Depression, ich kenne sie alle, sie sind Teil der bunten Palette meines Lebens. Sie lassen mich die lichten, schönen Momente noch mehr genießen, machen mich mitfühlender, sensibler gegenüber anderen Menschen, die durch ähnliche Phasen gehen.

Hell und dunkel, farbig und blass: Das Bild unseres Lebens ist einzigartig. Und was mich als Kind anging, konnte es nicht bunt genug sein.

GENERATIONENTRAUMA: WENN DER SCHMERZ VERERBT WIRD

Vielleicht kennst du das Gefühl, niedergeschlagen zu sein, und weißt nicht, woher es kommt? Hast existenzielle Ängste, vage Schuldgefühle, chronische Schmerzen? Wiederkehrende Albträume? Spürst eine tiefe Traurigkeit, fühlst dich verloren und fremd auf dieser Welt? Ungewollt, ungeliebt, fehl am Platz?

Tiefgreifende psychische Verletzungen, die unsere Eltern, Großeltern und Urgroßeltern durch Entbehrungen, Gewalt und Ähnliches in ihrem Leben erfahren haben, setzen sich als Trauma über Generationen fort, wenn sie emotional nicht verarbeitet werden. Oft wurden sie in den Keller des Unbewussten gedrängt und dort versiegelt – aus Scham, aus dem Schock des Erlebten heraus. Doch starke Gefühle brechen sich immer Bahn. Sie pflanzen sich fort und haben einen Einfluss auf die Gefühlswelt von Kindern, Enkeln, Urenkeln.

Inzwischen weiß man, dass dieser Prozess bis in das Erbgut des Menschen hineinreicht und es verändert. Es ist ein Schmerz, der so lange weitergetragen wird, bis ihn jemand ans Licht holt, fühlt – und bewusst loslässt.

KAPITEL 2

Der Cut

Montagmorgen, ich bin richtig gut drauf, und das noch vor meinem ersten Kaffee. Gerade habe ich einen Reel für meinen Feed auf Instagram gedreht, und es hat alles auf Anhieb geklappt. Ich liebe meinen Job als Content Creatorin. Liebe es, meine Community zu unterhalten und meine Gedanken mit ihr zu teilen. Und was die kleinen Werbeclips dazwischen angeht, denke ich mir am liebsten etwas Besonderes aus.

Schnell gucke ich mir noch mal den Anfang an, bevor ich alles online stelle: »Tagchen, ihr Lieben! Ich hoffe, es geht euch gut, und ihr habt einen phantastischen Start in die Woche. Ich habe gerade etwas richtig Cooles für euch vorbereitet und bin schon gespannt, wie ihr es findet ...«

Das passt, jetzt nur noch schnell die Caption schreiben.

Konzentriert tippe ich Wort für Wort ein. Mit einem Mal stocke ich. Neugirig oder neugierig ... wie schreibt man das bloß? In meinem Kopf herrscht plötzlich Leere. Ich weiß es nicht. Mir wird heiß und kalt. Mit »-ie«, richtig? Oder doch nur mit »-i«? Ich spüre, wie mir der Schweiß ausbricht. Schon sehe ich die Kommentare in den Spalten: »Das hast du aber falsch geschrieben.« Ich lasse das Handy sinken. Nicht mal das kriegst du hin, flüstert eine Stimme in meinem Innern.

Weg ist die Leichtigkeit, die positive Energie. Zweifel schwirren in meinem Kopf umher. Was mache ich da eigentlich? Bringt mein Beitrag den Leuten überhaupt einen Mehrwert? Ist das lustig oder einfach nur doof? Wirke ich verkrampft und sehe es selbst nicht? In mir dreht sich jetzt alles. Ich will die Gedanken stoppen, sage mir, ich bin Legasthenikerin, ich verschreibe mich halt mal. Das ist doch nicht so schlimm.

Aber so einfach ist das nicht. Denn da ist diese penetrante Stimme in meinem Kopf, die alles übertönt. »Du bist halt dumm«, sagt sie. Dumm, dumm, dumm ...

Im nächsten Moment blitzt eine Erinnerung vor mir auf, und mir steigen Tränen in die Augen.

Dezember 1992

Meine Mama hat gebacken, in unserer Wohnung duftet es nach Kokos und Vanille. Es klingelt, ich renne zur Tür. Es ist meine Schulkameradin Franziska mit ihrer Mutter, sie kommen nachmittags oft zu Besuch. Ich bitte sie herein. Wenig später sitzen wir um den großen steinernen Couchtisch, der beladen ist mit Kuchen, Plätzchen und frischem Obst. Franziska reicht mir eine Geschenketüte, bald ist Weihnachten. Neugierig spähe ich hinein. Da drin ist ein Auto für meinen kleinen Bruder – und ein Buch, für mich. Ich ziehe es heraus. Vom Umschlag her grinst mir Kermit der Frosch entgegen. Er hat eine rote Mütze auf. Eine Weihnachtsgeschichte? Ich liebe den breitmauligen Frosch und bin gespannt, was er jetzt wieder angestellt hat. Artig bedanke ich mich bei Franziskas Mutter.

»Zeig doch mal, wie gut du schon lesen kannst«, sagt sie. Da ist ein seltsamer Ton in ihrer Stimme.

Hitze schießt in meine Wangen. Hat Franziska ihr etwa verraten, dass ich Probleme in der Schule habe? »Zu den Weihnachtsferien soll jedes Kind in der Lage sein, einfache Geschichten zu lesen«, hat unsere Lehrerin gesagt. Aber egal, wie ich mich anstrenge, ich kriege es nicht hin.

Jetzt starren alle mich an: Franziska, ihre Mutter, auch Mama. Nur mein Bruder spielt mit seinem neuen Auto und lässt es über die Tischkante fahren. Mir wird ganz mulmig.

»Nun lies schon«, sagt Franziskas Mutter energisch.

Mit einem Mal ist mein Mund ganz trocken, ich muss schlucken. Hätte ich doch bloß nicht die blöde Tüte aufgemacht!

Ich spüre, wie meine Mama ungeduldig wird, sie schiebt die Schale mit den Keksen von rechts nach links, fegt Krümel zusammen.

Ich schlage das Buch auf. Lauter Buchstaben tummeln sich da, schwarz auf weiß. Ich kenne sie alle. Unsere Lehrerin hat eine Leine im Klassenzimmer gespannt, daran hängen Bilder, für jeden Buchstaben eines. Da ist das K: die gelbe Katze mit den orangefarbenen Streifen. Dann das E: ein grauer Elefant. Das R, wie der schwarze Rabe mit seinem scharfen Schnabel. Das M, das I, das T … Wie oft habe ich sie schon nachgemalt, bin mit dem Finger die Linien entlanggefahren, habe sie mir vorgesagt, ganz leise, damit die anderen nicht über mich lachen. Doch wenn ich sie aneinanderreihe, ergeben sie für mich keinen Sinn. Da kommt einfach kein Wort heraus. Wörter, das sind für mich Bilder. Was ist bloß falsch mit mir? Die anderen Kinder schaffen es doch auch.

Konzentriert starre ich auf die Seite. Mir wird ganz schlecht. Hilfesuchend blicke ich auf, direkt in das Gesicht meiner Mama. Wörter kann ich keine lesen, aber Gesichter. Auf ihrem steht blanke Enttäuschung, auch wenn sie sie zu verbergen versucht.

Franziska greift rüber und zieht mir lässig das Buch aus der Hand.

»Gib mal her, das kann ja wohl nicht so schwer sein«, sagt sie und beginnt zu lesen. Flüssig reihen sich die Wörter aneinander, sie stolpert kein einziges Mal. Ich sehe den Stolz auf ihrem Gesicht, er spiegelt sich auf dem ihrer Mutter. Von der Geschichte kriege ich gar nichts mit. Denn in mir ist nichts als Scham. Sie lässt meine Wangen brennen. Ich senke den Kopf, starre auf den Tisch. Da ist ein winziges Loch in der Steinplatte. Am liebsten würde ich mich ganz klein machen, noch viel kleiner, als ich mich fühle, und darin versinken.

Wenn ich heute zurückdenke, erinnere ich mich noch an jede Einzelheit. Den Plastik-Weihnachtsbaum neben dem Fernseher, die Blinkesterne im Fenster. Den Geschmack des Kokoskuchens in meinem Mund. Den Geruch der Angst. Die aufsteigende Übelkeit. Und wie mein Bauch sich verkrampfte.

In den vergangenen Wochen hatte ich im Stillen an mir gezweifelt, mich immer wieder gefragt, ob etwas mit mir nicht stimmte. Für Zweifel war da kein Raum mehr, jetzt lag alles offen. Die anderen Kinder waren viel schneller, viel weiter als ich. Das konnte nur eines bedeuten: Ich war dumm.

Dabei hatte alles so vielversprechend begonnen mit der Schule …

Vom Leiserwerden

Endlich Schule! Im August war ich sechs geworden, jetzt konnte ich den Tag meiner Einschulung kaum erwarten. Im Jahr zuvor war ich in die Vorschule gegangen. Oft hatten wir zusammen in der Kuschelecke mit den vielen Kissen und Büchern gesessen, und dann hatte einer der Jungen, der schon viel weiter war als wir anderen Kinder, uns eine Geschichte vorgelesen. Das war so gemütlich gewesen, so schön. Das wollte ich auch können!

Schon Wochen vor dem Tag aller Tage ging meine Mutter mit mir den Ranzen kaufen. Die hübschen rosaroten im Geschäft fand ich langweilig, stattdessen entschied ich mich für einen nachtschwarzen mit neonfarbenen Dinosauriern und quietschgelben Riemen. Ich liebte diesen Ranzen nicht bloß, ich feierte ihn!

Dann die Schultüte. Nach dem Motto »Es kann nicht bunt genug sein« hängte ich mein Herz an eine lilafarbene mit grasgrünem Verschluss. Pausenlos redete ich auf meine Mutter ein, dass doch bitte, bitte oben ein kleines Stofftier rausschauen sollte. Das wäre so cool!

Besonders wichtig war mir auch das Federmäppchen. Ich verbrachte Stunden damit, es ein- und wieder auszuräumen. Alles musste seine Ordnung haben: Der Lernfüller kam in die große Schlaufe, die Bleistifte rechts davon. Auf der anderen Seite steckten die Filzstifte, nach Farben geordnet. Richtig stolz war ich auf den Radiergummi in Form eines kleinen Stifts, den mein Vater von einer Fahrt nach Prag mitgebracht hatte.

Als der Tag meiner Einschulung immer näher rückte, fragte meine Mama mich, was ich denn anziehen wolle. Als hätte ich mir nicht längst Gedanken über mein Outfit gemacht! Ich wünschte mir ein Samt-Oberteil mit Schößchen, natürlich bunt gemustert, und dazu eine rote Radlerhose. Zusammen mit den weißen Spitzensöckchen und den Lackschuhen fand ich mich unglaublich schick. Sogar zu meiner Frisur hatte ich konkrete Vorstellungen. Meine Mutter band mein Haar zu einem straffen Pferdeschwanz und flocht hinten drei Zöpfchen mit pinkem Haargummi rein. Zur Feier des Tages lieh sie mir noch ihre selbstgemachte Micky-Maus-Brosche.

Derart herausgeputzt, machten wir uns an einem Samstag, wie in Berlin üblich, auf den Weg zur Schule. Alle waren dabei: meine zwölf Jahre ältere Schwester Suzanne aus einer früheren Beziehung meines Vaters, meine sechseinhalb Jahre älteren Zwillingsgeschwister Sherin und Rame, mein kleiner Bruder Basim und natürlich meine Eltern. Ich weiß noch, wie ich zwischen Mama und Papa in der Aula saß und aufgeregt darauf wartete, dass mein Name aufgerufen wurde. Die Lehrerin las ihn falsch ab, kurz wunderte ich mich, schließlich waren meine Zwillingsgeschwister auf dieselbe Schule gegangen. So schwer konnte das ja nicht sein. Aber was soll's, dachte ich mir, lief vor zur Bühne und reihte mich in die Schar meiner Mitschüler ein. Einige der Kinder kannte ich bereits von der Vorschule, doch es waren auch neue darunter, und ich war so gespannt darauf, welche Freundschaften ich hier wohl schließen würde.

Dann ging es auch schon los. In Zweierreihen folgten wir unserer Lehrerin aus der Aula die Treppe hinauf zu unserem Klassenzimmer. Ich war richtig beeindruckt. Alles sah so wichtig aus. Die Schreibtische mit den Stühlen, die große Tafel vorne an der Wand. Die bunten Buchstabenbilder, die an einer Leine hingen. Wir suchten uns einen Platz, sagten alle unsere Namen, und die Lehrerin erzählte ein bisschen von sich. Dann führte sie uns auch schon wieder zurück zu unseren Eltern.

Ich freute mich dermaßen auf den Unterricht, dass ich ziemlich traurig über den Sonntag war, der mich von meinem allerersten richtigen Schultag trennte. Zu Hause machte ich mich über die Schultüte her. Tatsächlich guckte ein süßer weißer Hund mit wuscheligen Ohren und schwarzer Stupsnase oben heraus! Glücklich zog ich ihn raus und packte nach und nach all die kleinen Überraschungen aus, die ich geschenkt bekommen hatte. Später sortierte ich die neuen Buntstifte ins Federmäppchen und packte meinen Ranzen. Noch zweimal schlafen, dann endlich begann das, was die Erwachsenen »den Ernst des Lebens« nannten. Ich wusste gar nicht, was alle hatten. Ich spielte für mein Leben gern, aber Lernen, das war es, worauf ich mich so richtig freute. Inzwischen wollte ich längst nicht mehr Prinzessin werden, auch das mit der Millionärin war mir nicht so wichtig. Ich hatte ja schon einen neuen Berufswunsch: Ärztin. Das hing stark mit unserem Kinderarzt zusammen. Er war so herzlich, schon älter, mit grauen Haaren, wobei ich irgendwie das Gefühl hatte, als wäre er schon immer alt und grau gewesen. Die Schaumzucker-Erdbeere, die ich am Ende jedes Besuchs aus dem großen Glas auf seinem Schreibtisch nehmen durfte, trug natürlich dazu bei, dass ich ihn toll fand.

Mir fiel auf, dass meine Eltern mit viel Respekt in der Stimme mit ihm sprachen. Zu Recht! Was er sagte, hatte nämlich Gewicht. Was mich am meisten beeindruckte, war, dass er uns Kinder wieder gesund machen konnte. Das wollte ich auch können: Menschen heilen. Das war wichtiger, als Prinzessin zu sein. Und dafür musste ich zur Schule gehen, ganz viel lernen und im Unterricht gut aufpassen. Und genau das hatte ich vor.

Wie sich das anfühlt, wenn Träume zerplatzen? Wenn man innerlich zerbricht?

Was mich angeht, so geschah das ganz langsam. Das Gefühl, anders zu sein als die anderen Kinder, nicht genug zu sein, breitete sich in mir aus wie ein schleichendes Gift. Nichts hatte mich darauf vorbereitet. In der Vorschule war ich neugierig gewesen und schnell zu begeistern. Auch jetzt, in den ersten Unterrichtswochen, war ich eifrig dabei. Das Nachmalen der Buchstaben machte mir Spaß, wobei ich hin und wieder »b« und »d« oder »g« und »k« verwechselte. Beim Schreibenlernen war ich so konzentriert, dass ich anfangs gar nicht merkte, wie langsam ich vorankam. Unsere Lehrerin ging durch die Reihen, warf einen Blick über unsere Schultern. Hier und dort blieb sie stehen, lobte ein Kind. Bei mir tat sie das nie, obwohl ich mir solche Mühe gab.

Nach vier, fünf Wochen wurde mir bewusst, dass ich hoffnungslos hinterherhinkte. Während die anderen Kinder sich längst ein neues Übungsblatt nehmen durften, füllte ich noch das erste aus. Ich wurde unsicher. Machte Flüchtigkeitsfehler. Bekam Herzklopfen und schwitzige Finger, während ich den Stift umklammerte und so angestrengt auf die Buchstaben starrte, dass meine Augen, mein Kopf wehtaten.

Franziska saß neben mir. Hin und wieder warf sie mir einen Blick zu, zog eine Augenbraue hoch und schrieb flüssig weiter. Warum war ich nicht wie sie?

Dann begannen wir zu lesen. Jetzt versagte ich völlig. Ich kämpfte gegen die Buchstaben, die aneinandergereiht einfach kein klingendes Wort für mich ergaben. Das machte doch alles keinen Sinn! Dabei wollte ich so gerne die Geschichten aus der Tobi-Fibel lesen, meinem liebsten Schulbuch. Diese witzigen Menschen mit den vielen Haaren, die aussahen wie kleine

Monster und die verrücktesten Abenteuer erlebten. Das war meine Welt! Aber etwas in meinem Kopf hinderte mich daran, sie zu betreten. Ich begriff nicht, was es war. Ich verglich mich mit den anderen Kindern und sah mich als Versagerin. Wenn ich den Mut aufgebracht hätte, mit meiner Mutter zu sprechen, hätte sie mir sagen können, dass meine ältere Schwester ganz ähnliche Probleme gehabt und schließlich auch Lesen und Schreiben gelernt hatte. Doch ich traute mich nicht, denn ich wollte sie nicht enttäuschen.

Bald merkte ich, wie die Lehrerinnen und Lehrer über mich tuschelten. Nach Weihnachten kam ein Mann in die Klasse, den ich noch nie in der Schule gesehen hatte. Er beobachtete mich, was mich nur noch mehr verunsicherte. In den folgenden Tagen holte er mich regelmäßig aus dem Unterricht. Ich folgte ihm in ein kleines, stickiges Arbeitszimmer. Dort führte er Tests mit mir durch. Ich sollte einfachste Puzzles lösen, Farben und Formen benennen, auf einem geraden Strich gehen – lauter Übungen für Kindergartenkinder.

Ich fühlte mich unwohl, so ganz allein mit ihm, und wollte nur eines: zurück in meine Klasse gehen dürfen. Mein Magen verknotete sich, mir war schlecht. Ich machte Fehler, obwohl ich doch alles wusste, was er mich fragte. Und das machte mich nur noch unsicherer. Mit aller Macht versuchte ich mich zu konzentrieren. Denn die Ergebnisse dieser Tests, so viel begriff ich, sagten etwas Grundlegendes über mich aus. Ob ich intelligent war. Schlau genug, um überhaupt schon zur Schule zu gehen.

Meine Eltern hatten von all dem keine Ahnung. Meine Lehrerin redete nicht mit ihnen über meine Lernprobleme. Und da waren diese Fragen, die sie mir stellte. Welche Sprache wir denn zu Hause sprächen? Konnten meine Eltern sich überhaupt auf Deutsch verständigen? Welchen Wert hatte Bildung bei uns zu Hause? Obwohl mein Vater sich seit Jahrzehnten ein Leben in Deutschland aufgebaut hatte, obwohl meine Geschwister und ich in Berlin geboren waren, war ich plötzlich »das Migrantenkind«.

Ich hatte längst gespürt, dass ich in zwei Welten lebte. Sie waren so anders, jede für sich besonders und in ihrer Mischung hin und wieder verwirrend, aber eben auch schön. Dass all die weisen Geschichten, die unser Papa uns von klein auf erzählt hatte, in meiner Schule nichts galten, war auf gewisse Weise verstörend. Meine Lehrerin sprach es nicht offen aus, aber ich spürte, dass sie an dem Wert meines Elternhauses zweifelte. Im Grunde waren es nicht mal Zweifel, die sie hegte. Sie hatte sich längst ein Urteil gebildet.

Nachdem ich alle Tests hinter mich gebracht hatte, wurde ich in den Fächern Deutsch und Rechnen in eine Förderklasse gesteckt. Unser Lehrer war nett, ein bisschen verplant und immer für ein Späßchen zu haben. Das war das Gute daran. Die Kinder waren bunt zusammengewürfelt: Jeder, der aus den unterschiedlichsten Gründen nicht im Unterricht mitkam, landete hier. Die meisten hatten extreme Lernschwächen, konnten sich Farben nicht merken und auch Formen nicht benennen. Ich begriff nicht, warum ich mit ihnen singen und Klatschspiele machen sollte, statt schreiben zu dürfen. Ich brauchte doch die Übung! Wenn Lesen oder Rechnen auf meinem Stundenplan standen, setzte ich mich an meinen Platz in meiner richtigen Klasse und erklärte meiner Lehrerin, dass ich unbedingt bleiben wollte.

»Du kommst nun mal nicht mit den anderen mit, und deshalb musst du in den Förderunterricht«, beschied sie.

Das Gefühl, wenn der Förderlehrer mich abholte, war

schrecklich. Ich fühlte mich so schlecht, spürte die Blicke der anderen Kinder auf mir, hörte ihr Geflüster. Und ich wurde immer stiller.

In den folgenden Monaten steckte ich fest. Keiner nahm sich meiner wirklichen Schwächen an, und darüber hinaus verpasste ich jede Menge Lernstoff durch den sogenannten Förderunterricht. Paradoxerweise musste ich die Schularbeiten in meiner richtigen Klasse mitschreiben – und scheiterte ein ums andere Mal.

Drei Jahre lang ging ich buchstäblich durch die Hölle. Ich war immer neugierig gewesen, sehnte mich danach, geistig herausgefordert zu werden, mir Wissen anzueignen. Aber wie?

Ich baute mir Eselsbrücken, stellte mir die einzelnen Wörter in einer Abfolge von Bildern vor und prägte mir die Buchstaben dazu ein. Bei Hauptwörtern, bei Eigenschaften, bei Farben klappte das gut. Aber da waren die vielen kleinen Füllwörter, das, du, aber, doch, und … Für sie Bilder zu finden, war schwierig, sie fühlten sich an wie Lücken. Und wenn die Sätze lang waren, musste ich sie mehrmals lesen, um mir den Sinn zu erschließen.

So sehr ich mich auch anstrengte, es war nicht genug. Zum Ende der dritten Klasse stand fest: Ich würde das Schuljahr wiederholen müssen. Ich spürte die Enttäuschung meiner Eltern, auch wenn sie mir versicherten, dass sie mich lieb hatten, und mich trösteten. Ich fürchtete mich vor der neuen Klasse – ob mich dort alle auslachen würden? Ob mich jemand aus meiner alten Klasse vermisste? Längst war ich so verschüchtert, dass ich kaum auffiel, und das war mir nur recht. Am liebsten wäre ich im Erdboden verschwunden. Meine Lehrerin hatte jedoch andere Pläne mit mir.

Als die Klasse das letzte Diktat des Schuljahrs schrieb, meinte sie: »Komm nach vorn, Randa.« Meine Knie wurden weich, und meine Hände begannen zu zittern. Hoffentlich musste ich nichts an die Tafel schreiben!

Kaum stand ich neben ihr, sagte sie: »Setz dich auf meinen Schoß.«

Zögernd folgte ich ihrer Aufforderung. Was hatte sie bloß vor?

Sie bedachte mich mit einem wohlwollenden Blick, dann sagte sie: »Und jetzt helfen wir dir alle, die Wörter richtig zu buchstabieren, damit du auch mal eine gute Note schreibst.«

Ich wurde ganz fahl im Gesicht. Im nächsten Moment schoss Röte in meine Wangen. Alle starrten mich an, dann buchstabierten sie fleißig Wort für Wort. Am liebsten wäre ich davongelaufen, hätte mich irgendwo versteckt. Im Schulklo, hinter einem Schrank, egal, nur weg von hier! Aber die Lehrerin hielt mich fest, und so blieb mir nichts anderes übrig, als diese Demütigung über mich ergehen zu lassen, Buchstabe für Buchstabe, Wort für Wort. Jetzt wusste jeder Einzelne in der Klasse über mich Bescheid. Jetzt kannten alle das Ausmaß meines Scheiterns. Ich war nicht mal in der Lage, die einfachsten Wörter richtig zu schreiben. Aus mir würde nie etwas werden. Ich war so was von dumm.

Niemand musste es aussprechen. Das tat ich selbst, im Stillen zwar, aber eindringlich. So sehr, dass ich es nie vergessen würde.

Wenn du eine innere Stimme hörst,
die sagt: »Du kannst nicht malen«, dann male auf jeden Fall,
damit diese Stimme zum Schweigen gebracht wird.

Vincent van Gogh

Ein mieser Verräter

Die ersten Jahre meiner Kindheit waren beschützt gewesen. Ja, da war der Kriegsschmerz meiner Eltern, den ich unterschwellig spürte. Und da waren die Ängste meiner Mutter, die sie unbewusst auf uns übertrug. Aber nie hatte jemand an mir gezweifelt, nie hatte ich den Eindruck gehabt, so, wie ich war, wäre ich nicht genug. Meine Eltern liebten mich bedingungslos.

Doch wir Menschen neigen dazu, uns zu vergleichen. Wenn ich die anderen Kinder beobachtete, sah, wie mühelos sie ihre Aufgaben erledigten, und dann auf mein nicht mal zur Hälfte ausgefülltes Arbeitsblatt stierte, war klar: Ich war nicht wie sie. Daran änderten auch die Beteuerungen meiner Eltern nichts, die mir immer wieder versicherten, wie lieb sie mich hatten.

Als kleines Kind war ich gar nicht auf die Idee gekommen, etwas könnte mit mir nicht stimmen. Ich war einfach ich selbst, entfaltete mich, nahm den Raum ein, den meine Eltern mir eröffneten. In meiner Phantasie erlebte ich die tollsten Abenteuer. Und immer war da ein Netz aus Liebe, das mich auffing.

Als ich das allererste Mal spürte, dass ich in den Augen anderer nicht genug war, fühlte es sich an wie ein Schnitt. Er ging mitten durchs Herz. Und dieses natürliche Selbstverständnis, das ich von mir hatte, wurde nach und nach zerstört.

In den drei Jahren seit meiner Einschulung veränderte ich mich. Aus der pfiffigen, manchmal lauten und immer lebendigen Randa wurde ein stilles Mädchen, das sich lieber bedeckt hielt. Das nicht auffallen wollte. Am liebsten verschwunden wäre, irgendwohin. Ich war so voller Lebensfreude gewesen an meinem ersten Schultag. So voller Träume! Und ich wollte nach wie vor lernen, war wissbegierig, wollte alles in mich aufsaugen. Aber still und heimlich hatte sich diese innere Stimme in mir eingenistet, die mir immer wieder sagte: »Du bist dumm.« Ein neues Wort, an dem ich scheiterte? »Du bist dumm.« Eine Textaufgabe, die ich nicht verstand, obwohl ich doch gut im Rechnen war? »Du bist dumm.« Diese Stimme war allgegenwärtig. Und sie warf einen Schatten über meine Kindheit, über diese Zeit im Leben, wenn wir noch nicht vernünftig sein müssen, noch Quatsch machen dürfen, wenn unsere Ideen sprudeln und unsere Träume groß und ohne Grenzen sind.

Es war keine wohlmeinende Stimme, wie die meines Vaters oder meiner Mutter. Es war der innere Kritiker. Er suchte sich ein hübsches Plätzchen in meinem Gedächtnis und hockte da, ständig bereit, mich in die Schranken zu weisen. Wie ein Parasit nährte er sich von kleinen und großen Misserfolgen, von gemeinen Bemerkungen anderer Kinder und Lehrer. Vielleicht wollte er mich beschützen, wollte vermeiden, dass ich den Mund aufmachte, alle über mich lachten und ich bloßgestellt wurde. Vielleicht war er aber auch einfach nur gemein. Ein mieser Verräter eben.

Natürlich ahnte ich damals nicht, was in mir vorging. Wir alle haben diese kritischen Stimmen in uns. Wenn wir genau hinhören, können wir sie anhand ihres Tonfalls zurückverfolgen bis zu ihren Verursachern.

Auch wenn meine Lehrerin nicht wörtlich zu mir sagte:

»Randa, du bist dumm«, hatte sie es mir deutlich gezeigt, als sie mich auf den Schoß genommen und mir bei dem Diktat vor den Augen aller geholfen hatte. Dumm, dumm, dumm, schallte es in meinen Ohren, wenn ich mich an die Blicke der Kinder erinnerte: mitleidig, überheblich, demütigend.

Und ich tat das, was wir alle in solchen Fällen tun: Ich nahm die Worte des miesen Verräters als Wahrheit an. Nichts, rein gar nichts, konnte mich damals vom Gegenteil überzeugen. Und das – tat weh.

Vielleicht hast auch du Flashbacks, hast Erinnerungen an schmerzhafte Ereignisse. Hast dich geschämt für das, was du bist.

Mir hilft in solchen Momenten die folgende kleine Übung, die mir mein Coach gegeben hat. Sie eignet sich perfekt, um den inneren Kritiker mal abzuschalten und sich von emotionalen Belastungen zu befreien.

DIE EMOTIONAL FREEDOM TECHNIQUE (EFT)

Die *EFT-Methode* ist eine einfache Technik, bei der man bestimmte Meridianpunkte leicht klopft, um die Energie im Körper zu regulieren und Stress abzubauen. Das Klopfen wirkt wie eine Art »Akupunktur ohne Nadeln«, die die emotionalen Blockaden im Körper löst und ein Gefühl von Erleichterung und Entspannung bringt.

EFT kann bei vielen verschiedenen Problemen helfen, bei negativen Emotionen wie Niedergeschlagenheit, Ängsten und Phobien, bei Anspannung und Stress und auch körperlichen Beschwerden, die mit einer emotionalen Belastung zusammenhängen.

Ursprünglich wurde die EFT-Methode in den USA entwickelt. Bei der klassischen Form werden neun oder auch zwölf Meridianpunkte geklopft, während man sich auf die belastenden Gefühle und Gedanken konzentriert und sie ausspricht.

Ich selbst praktiziere eine vereinfachte Form, bei der ich mich auf drei Punkte konzentriere und dazu Affirmationen spreche. Auf diese Weise gelingt es mir, mich von Stress, Ängsten und anderen negativen Gefühle zu befreien und positiv zu stimmen.

Vielleicht möchtest du es einmal ausprobieren?

Übung

Nimm dir ein paar Minuten für dich selbst und atme ein paar Mal tief ein und aus.
Klopfe nun mit dem Zeige- oder Mittelfinger deiner Hand sanft sieben bis zehn Mal auf den Punkt zwischen deinen Augenbrauen. Du kannst auch länger klopfen, so wie es sich für dich angenehm anfühlt.
Als Nächstes klopfe leicht auf den Punkt in der Mitte deines Brustbeins.
Und nun klopfe auf den Punkt unterhalb deines Brustbeins.
Nimm dir anschließend einen Moment, in dich hineinzuspüren, und fühle, wie deine Energie wieder ins Fließen kommt.

Möchtest du die Übung verstärken?
Dann sprich zu dem Klopfen eine Affirmation. Achte dabei darauf, diese kurzen Aussagen immer positiv und in der Gegenwart zu formulieren:
Ich bin ruhig. Ich bin schön. Ich fühle mich frei.

Meine persönlichen Affirmationen:

- Mein Körper ist kerngesund.
- Jede Zelle meines Körpers ist gesund.
- Ich vertraue meinem Körper zu hundert Prozent.

Das klingt einfach – und ist es auch. Doch ich habe die Erfahrung gemacht, dass regelmäßiges Klopfen und Affirmieren mir hilft, auch größere Krisen zu bewältigen. Zu einem Zeitpunkt, als nicht nur die Leichtigkeit meiner frühen Kindheit verschwunden war, sondern ich innerlich an einem dunklen Abgrund stand, halfen mir diese Sätze gegen die Panik, die sich in mir aufbaute und mich emotional zu lähmen drohte. Wenn mein Herz raste, und meine Brust so eng wurde, dass ich kaum Luft bekam, dann war es das Vertrauen in meinen Körper, das mir half, wieder zu mir zu finden und mich emotional zu befreien.

Damals hatte der miese Verräter ganze Arbeit geleistet. Aber das Leben verläuft in Wellen, und wenn ich zurückblicke, weiß ich, dass all die traurigen und schmerzhaften Erfahrungen meiner Schulzeit zu mir dazugehören. Sie haben mich zu dem Menschen gemacht, der ich bin.

Und es war nicht nur schlimm. Gerade als ich dachte, ich würde nie wieder Freunde finden, in meiner neuen Klasse noch unglücklicher sein als in der alten – da machte das Schicksal eine kleine Wende. Und ich lernte, wie viel Unterschied ein einziger mitfühlender Mensch im Leben bedeuten kann.

KAPITEL 3

Verbündete

Vielleicht kennst du das auch: Wenn es einem so richtig mies geht und man denkt, schlimmer kann es nicht werden, kommt oft noch mal so richtig was obendrauf.

Warum ist das so? Weil man sich als Opfer fühlt? Weil das universelle Gesetz der Anziehung am Wirken ist und man wie ein Magnet das in sein Leben zieht, was man ausstrahlt und wovor man Angst hat? Oder weil Opfer bei manchen Mitmenschen die gemeinen Seiten wachrufen? Weil sie sich denken: Die- oder derjenige kann sich nicht wehren, da trau ich mich was?

Sommer 1995

Mein erster Schultag in der neuen Klasse. Ich bin völlig eingeschüchtert, habe Angst. Vor der Lehrerin, den anderen Kindern. Es wird nicht lange dauern, bis sie merken, dass ich zu dumm zum Lesen und Schreiben bin. Sie werden mich auslachen. Und das tut weh.

Ich husche in mein neues Klassenzimmer, suche mir einen Platz. Spüre die Blicke der Kinder auf mir. Ich weiß, was sie denken: Das ist die Neue, die Sitzenbleiberin.

Ein Junge schlendert auf mich zu, stellt sich vor mich. Er guckt mich an. Was kommt jetzt?

»Du hast aber eine große Nase«, sagt er, lacht doof und geht wieder. Es fühlt sich an, als hätte ich einen Schlag ins Gesicht bekommen. Ein paar Kinder in meinem Rücken kichern. Ich ziehe die Schultern hoch, mache mich klein.

In diesem Moment würde ich alles, wirklich alles für eine süße Stupsnase geben.

Ich habe nie verstanden, warum Menschen andere runtermachen. Warum sie nach Schwachpunkten suchen, statt sich zu entscheiden, das Schöne in ihren Mitmenschen zu sehen. Dass wir uns miteinander vergleichen, ist normal. Unser Verstand will Fremde danach einordnen, ob sie harmlos oder gefährlich für uns sind. Und schon öffnen sich Schubladen, in denen so viele Möglichkeiten verschwinden: Freundschaften, die nie geschlossen, Geschichten, die nie getauscht, Späße, die nie gemacht werden. Weil wir einem Menschen ein Label verpassen und nicht hinterfragen, nach welchen Kategorien das passiert. Für die Kinder aus meiner Klasse war ich das Mädchen mit der großen Nase. Wer ich wirklich war – ein Kind mit einem verletzten Herzen, aber mit Phantasie, Witz und vielen Talenten –, das sahen sie nicht.

Auf Strategiesuche

Ich war angreifbar, und so war die Bemerkung, die ich abbekam, ein weiterer Schlag gegen mein Selbstwertgefühl. Die Nase war fortan mein wunder Punkt. Der Junge war nicht der Einzige, der mich deswegen hänselte, aber er war der Erste gewesen, der es aussprach. Blickte ich in mein Gesicht, sah ich irgendwann nur noch meine Nase. Das ging so weit, dass ich sie mit neunzehn Jahren in einer Hauruck-Aktion operieren ließ – eine Entscheidung, die ich wirklich bereue. Aber zurück zu meiner neuen Klasse.

Dass dieser Schultag kein völliges Desaster wurde, hatte ich vor allem einem Mädchen zu verdanken: Yasmin. Gleich nach dem Läuten zur ersten großen Pause kam sie mit einer Freundin auf mich zu und fragte: »Magst du mit uns spielen?« Klar mochte ich das!

Yasmin war schüchtern und zugleich unglaublich lustig. Wir verstanden uns auf Anhieb und wurden schnell unzertrennlich. Dank unserer Freundschaft konnte ich auf dem Pausenhof ein Stück normale Schulzeit erleben. Wir spielten Fangen, und dann war da der Gummitwist, der an meinem allerersten Schultag in meiner Schultüte gesteckt hatte und erst jetzt so richtig zum Einsatz kam.

Yasmin wurde von den Kindern gehänselt, weil sie ein bisschen mollig war. Ich verteidigte sie wie eine Löwin. Schon bald merkten die anderen, dass mit mir nicht zu spaßen war, wenn es um meine beste Freundin ging. Yasmin revanchierte sich, indem sie mit mir Strategien ersann, um mir bei meinen Rechtschreibproblemen zu helfen.

Ich selbst hatte bereits einige Fortschritte gemacht und war

BUCHSTABEN-WIRRWARR IM KOPF

Ob genetisch vererbt oder erworben: Noch immer werden eine Legasthenie oder Lese-Rechtschreib-Störung viel zu oft zu spät erkannt. In der ersten Klasse, wenn Schreiben- und Lesenlernen auf dem Lehrplan stehen, haben die Kinder meist völlig unterschiedliche Vorkenntnisse. Das macht es nicht leicht, mögliche Probleme zu erkennen. Für das Selbstvertrauen des Kindes ist es extrem wichtig, dass zeitnah eine Diagnose gestellt wird: bevor es Versagensängste entwickelt, von anderen gehänselt wird und den Eindruck gewinnt, dumm zu sein. Legasthenie hat nichts mit mangelnder Intelligenz zu tun!

Auch wenn sich eine LRS ganz unterschiedlich zeigen kann, sind folgende Merkmale typisch:

Das Kind verwechselt ähnlich aussehende Buchstaben, wie b/d, p/q, M/W, N/Z, verdreht die Reihenfolge der Buchstaben und lässt welche aus. Beim Lesen stolpert es über Füllwörter, die kein Bild erzeugen, auch wenn sie häufig vorkommen, und verwechselt ähnlich aussehende Wörter, wie uns/und. Lesen und Schreiben verlangen ihm höchste Konzentration ab, erzeugen Anspannung und Unsicherheit. Oft erschließt sich ihm der Sinn nicht. In solchen Fällen ist es ratsam, einen Test bei einem Institut zu machen, und das Kind gezielt zu fördern. Und: Inzwischen gibt es endlich einen Nachteilsausgleich und Notenschutz für betroffene Kinder!

ziemlich findig, was das Schreiben anging. In meinem Kopf steckte eine ganze Kartei von Bildern, die ich Wörtern zuordnen konnte. Wenn ich das Wort »Hund« schreiben musste, ploppte das Bild eines Hundes auf, mit den dazugehörigen Buchstaben als Folge. Das Problem bei Menschen, die bildhaft und auch räumlich denken? Sie nehmen dank ihrer Kreativität die Bilder intensiv wahr. Der Hund war nicht zweidimensional, er war plastisch, ich konnte ihn von vorne, von der Seite, von oben, von unten und auch von hinten sehen. Dass Letzteres ein Teil des Problems war, sagte mir niemand. Denn das »d« in Hund sieht von hinten betrachtet aus wie ein »b«.

Hinzu kamen die ganzen Wörter, für die es kein einzelnes Bild gab. Allein für das Mini-Wörtchen »und« brauchte ich gleich drei Bilder: für das »u« eine Uhr, für das »n« ein Nashorn und dann noch einen Drachen für das »d« – nicht zu verwechseln mit einem Ball mit bunten Streifen für das »b«, der gehörte nicht hierher.

Natürlich brauchte ich etwas mehr Zeit, um mit Hilfe der inneren Bilder zu schreiben. Doch wenn man in Bildern denkt, schult man seine Vorstellungskraft, was sich positiv auf die Kreativität auswirkt. Warum also von Schwäche reden? Von solch positiven Mindset war ich damals jedoch Meilen entfernt.

Was das Lesen anging, schaffte ich es inzwischen etwas flüssiger, und vor allem konnte ich dem Buchstabensalat auch einen Sinn abgewinnen. Doch ich bewegte die Lippen beim Lesen, womit ich eine Angriffsfläche für die Kinder bot, die so richtig Spaß daran hatten, sich über mich lustig zu machen. Mit aller Kraft versuchte ich, mich zu konzentrieren, stolperte über ein Wort, das ich nicht kannte, konzentrierte mich noch mehr und war ein Bündel aus Anspannung, das nur selten mit Lob belohnt wurde.

Doch jetzt hatte ich meine Verbündete. Yasmin saß inzwischen neben mir. Immer wieder warf ich ihr einen verstohlenen Blick zu, wenn ich unsicher war. Hochgezogene Brauen bedeuteten, sie hatte einen Fehler auf meinem Arbeitsblatt entdeckt. Dann fuhr ich mit dem Stift die einzelnen Wörter nach, bis Yasmin sich räusperte. Und da sah ich es selbst: Mal wieder hatte ich einen Buchstaben vertauscht oder ein stummes »h« vergessen. Meist klappte das gut, und ich entwickelte ein Gefühl für die Fehler, die ich machte.

Mit der Zeit perfektionierten wir unsere Methode. Yasmin schaffte es, fast unhörbar leise zu sprechen und mir zuzuraunen, was ich falsch geschrieben hatte. Das ging schneller, vor allem in brenzligen Situationen. Irgendwann kam sie auf die Idee, gemeinsam einen Kalender zu führen und wie in einem Tagebuch alles hineinzuschreiben, was uns bewegte: Ideen, die wir hatten, Dinge, die wir erlebten. Irgendwann ging es dann auch um Jungs. Und manchmal stritten wir sogar – aber nie im echten Leben, immer nur in unserem Tagebuch, wo wir uns dann auch schnell wieder vertrugen.

Durch das viele Schreiben bekam ich eine Menge Übung und verbesserte mich ständig. Und wir hatten noch andere Tricks auf Lager: Wir entwickelten eine gemeinsame Handschrift, die sich so ähnelte, dass wir heimlich Arbeitsblätter tauschen konnten. Wenn wir erwischt wurden, gab es logischerweise einen Riesenärger. Wobei manche Lehrer auch bewusst wegsahen.

In der vierten Klasse hatte ich Glück, denn ich bekam einen coolen Lehrer, der schon meinen Bruder unterrichtet hatte. Er kannte meine Eltern und war der Erste, der wusste, dass ich nicht aus einem bildungsfernen Zuhause stammte. Niemand hatte sich zuvor darum bemüht, sich selbst ein Bild meiner Familie zu machen. Doch jetzt verwischte der Stempel »Migrantenkind«, den ich zu Beginn meiner Schulzeit draufgedrückt bekommen hatte. Und noch etwas anderes geschah: Mein neuer Lehrer gab mir nie das Gefühl, ich sei dumm. Im Gegenteil!

Auch beim Lernen mit Yasmin merkte ich, dass ich nicht »zurückgeblieben« war. Und das machte etwas mit mir. Ich traute mir wieder etwas zu. Legte nach und nach meine Schüchternheit ab.

Einige Kinder hänselten mich trotzdem. Sie stürzten sich auf meine Fehler, denn sie wussten, sie konnten mich damit treffen. Mir war selbst nach wie vor klar, dass irgendetwas nicht rund lief. Aber das hielt mich nicht länger davon ab, mich zu entfalten. Zuvor hatte es sich so angefühlt, als wäre ein Scheinwerfer auf all meine Schwächen gerichtet gewesen. Kaltes Licht hatte sie angestrahlt, so dass der Rest von mir im Dunkeln verschwunden war. Jetzt aber hatte sich der Lichtkegel ausgeweitet, und ich konnte wieder ein ganzes Stück mehr ich selbst sein. Im Sportunterricht glänzte ich, war blitzschnell, konnte hoch klettern und zockte die Jungs beim Fußballspielen so richtig ab. Damit erntete ich ihren Respekt. Plötzlich war ich kein reines Opfer mehr, ich war beliebt.

Ein Junge hatte es mir besonders angetan. Er spielte richtig gut Fußball, hatte dunkles Haar, und das Tollste: Irgendwann hatte er sich den rechten Schneidezahn ausgeschlagen und trug seither eine Spange, in der ein falscher Zahn steckte. Ich musste ihn einfach wissen lassen, wie cool ich ihn fand. Ihm zu sagen, hätte ich mich nie im Leben getraut. Also tat ich, was alle Kinder in meiner Klasse taten, wenn sie heimlich für jemanden schwärmten: Ich schrieb ihm einen Liebesbrief. Darin bewunderte ich, wie er kickte, und fragte vorsichtig nach, ob er mit mir ein Eis essen gehen wolle. Um dem Ganzen einen romantischen Touch zu geben, fügte ich noch zwei Zeilen hinzu, die ich in einer Schnulze gehört hatte: »Immer abends, wenn ich in den Himmel schaue und den Mond betrachte, muss ich an dich denken.«

Ich faltete den Zettel mehrfach und überreichte ihn mit der Bitte, ihn erst zu Hause zu lesen. Dann eilte ich zurück auf meinen Platz. Natürlich war er viel zu neugierig, um mit dem Lesen zu warten. Mein Herz klopfte bis zum Hals, als ich sah, wie er mein Briefchen auffaltete. Ich hielt die Luft an.

Im nächsten Moment grinste er über das ganze Gesicht. Und begann damit, meine Worte laut vorzulesen – inklusive der Rechtschreibfehler: »Mond mit ›t‹, und hier, das ›denken‹, mit ›g‹.« Er kriegte sich gar nicht mehr ein vor Lachen. Allen war klar, dass nur ich das geschrieben haben konnte. Meine Wangen brannten, ich wäre am liebsten im Erdboden verschwunden.

Später entschuldigte er sich bei mir, weil er spürte, dass er zu weit gegangen war und mir seine Reaktion sehr naheging. Ich war nie nachtragend gewesen, also verzieh ich ihm, und wir wurden richtig gute Freunde.

Noch immer kam niemand auf die Idee, mich auf Legasthenie zu testen. Als ein neues Buch auf dem Lehrplan stand, musste jedes Kind drei Seiten daraus vorlesen. Wir bekamen eine Woche Vorbereitungszeit, und ich geriet ins Schwitzen. Ich wollte mich auf keinen Fall schon wieder blamieren. Beim Vorlesen konnte mir Yasmin nicht helfen. Also beschloss ich, den Text auswendig zu lernen. Das war anstrengend, denn dafür musste ich ihn ja erst mal lesen und verstehen, was mich jede Menge Konzentration kostete. Doch ich hatte ein Ziel vor

Augen und brannte dafür. Das Buch wanderte in den folgenden Tagen überallhin mit, an den Esstisch, ins Bad, ins Bett.

Als ich schließlich an der Reihe war, hatte ich mich wirklich gut vorbereitet. Damit niemand es merkte, dass ich meinen Text auswendig gelernt hatte, baute ich hin und wieder kleine Stolperer ein.

Die anderen Kinder waren verblüfft und fragten sich: Wie hat sie das denn geschafft? Auch mein Lehrer staunte. Ob er meine Strategie erahnte? Vielleicht. Immerhin bekam ich meine allererste Eins im Fach Deutsch.

Es sollte noch zwei Jahre dauern, bis eine neue Klassenlehrerin mich zu einem Legasthenie-Test schickte. Das Ergebnis war sonnenklar. Meine Lese-Rechtschreib-Schwäche war wie ein fehlendes Puzzleteil, das endlich an seinen Platz rückte und dafür sorgte, dass alles einen Sinn ergab. Jetzt hatte ich es schriftlich, dass die Fehler, die ich machte, nichts mit fehlender Intelligenz zu tun hatten. Die Lehrer hätten auch meine Eltern fragen können, mich genauer beobachten, mir zuhören können, um das herauszufinden. So, wie Yasmin es tat. Das hätte mir viele Tränen erspart.

»Leider muss ich deine Rechtschreibung genauso benoten wie bei den anderen Kindern auch«, sagte meine Lehrerin. »Aber weißt du was? Streng dich bei der mündlichen Mitarbeit richtig an, dann kannst du das ausgleichen.«

Mich spornte das an. Plötzlich hatte ich Spaß an der Schule, sog besonders die Fächer Biologie und Geschichte in mich auf. Das Lesen und Schreiben fiel mir inzwischen leichter. Vielleicht würde ich immer mal kleine Fehler machen, so what? Mit einem Mal konnte ich wieder träumen. Ich würde wahrscheinlich keine Ärztin werden können, aber irgendwo würde es ganz bestimmt einen Platz für mich geben.

Meine Freundschaft mit Yasmin wurde mit den Jahren immer enger. Ihre Eltern waren sehr herzlich; wenn sie nicht arbeiteten, war ich oft bei ihr zu Hause und bekam hautnah mit, dass es auch Menschen ohne arabische Wurzeln gab, die mit Gewürzen kochten und beim Essen redeten und lachten. Yasmins Oma, die sich viel um sie kümmerte, war zu mir wie eine eigene Oma. Mein Leben war um so vieles reicher geworden. Wenn man wahre Freunde hat, hilft das, so manche abwertende Bemerkung nicht allzu dicht an sich heranzulassen. Weil man spürt: Ich bin jemandem etwas wert. Einige meiner Narben verheilten, und es kamen nicht mehr täglich neue dazu. Doch die Narben unter der Haut, die nicht auf Anhieb sichtbar waren, reichten tief, bis ins Herz hinein.

Wenn ein Kind nicht so tickt wie andere, wird schnell von einer Schwäche geredet. Lese-Rechtschreib-Schwäche, Lernschwäche, Rechenschwäche ... Eigentlich sollten wir doch weiter sein, oder nicht? Auf vielen unterschiedlichen Ebenen erkennen wir heutzutage an, dass Menschen einfach anders sind. Jeder hat unterschiedliche Talente, und wenn wir uns dazu entscheiden, zusammenzuhalten, wenn wir gemeinsam etwas in Angriff nehmen und nicht gegeneinander arbeiten, können wir unglaublich viel erreichen. Gerade Menschen, die sogenannte Schwächen aufweisen, haben oft viel mehr Durchhaltevermögen, weil sie sich schon früh beweisen mussten. Vielleicht denken sie, wie ich, in Bildern statt in Worten – und kommen mit neuen Perspektiven daher. Sie sind häufig kreativ und findig, weil das Überleben im Dschungel des Lebens einem viele Strategien abverlangt, wenn man anders ist als die meisten. Denn letzten Endes wollen wir alle dasselbe: dazugehören.

Finde jemanden, der deine Sprache spricht,
so musst du nicht deine Lebenszeit dafür opfern,
um deine Seele zu übersetzen.

Arabisches Sprichwort

Empathie

In dieser Zeit, in der ich aufblühte, zog sich mein mieser Verräter ein Stück weit zurück. Sein Standardsatz »Du bist dumm« zündete in dieser Zeit nicht mehr, denn ich war viel zu sehr damit beschäftigt, meine Talente zu entdecken, war wissbegierig und erntete kleine Erfolge. Hin und wieder kam er aus seinem Versteck und stellte mir sozusagen das Bein, sorgte dafür, dass ich unsicher und angreifbar wurde. Dann war Yasmin zur Stelle. Weder ihre Freundschaft noch meine kleinen Erfolge vertrieben ihn jedoch ganz. Er lernte bloß einen neuen Satz für sein fieses Repertoire: Allein würdest du das sowieso nicht hinkriegen. Und wenn es gerade mal nichts an meinen Leistungen zu meckern gab, dann hatte er ja immer noch meine Nase, den Geruch meiner Kleidung und den Generationenschmerz meiner Eltern, den er hervorholen konnte, um mir das Leben schwer zu machen.

Doch ich hatte ein wertvolles Gegenmittel: Ich hatte eine Verbündete gefunden, sprach über meine Sorgen, meine Probleme. Und hatte eine Freundin, die zuhörte.

Yasmin hatte vom ersten Moment an mitbekommen, wie verschüchtert ich gewesen war. Es wäre einfach gewesen, auf der Welle der anderen Kinder mitzuschwimmen, sich auch über mich lustig zu machen und so zu dem Club der Mobbenden dazuzugehören. Doch sie entschied sich dagegen. Das war mutig und empathisch.

In gewisser Weise las Yasmin in mir; sie sah, wie ich mich kleinmachte, spürte, welche Angst in mir steckte. Und sie erkannte, dass ich nicht dumm war. Weil sie mich im Ganzen wahrnahm.

DIE MACHT DES BEWUSSTEN ZUHÖRENS

In der Reise der Persönlichkeitsentwicklung ist Zuhören nicht nur ein Werkzeug, sondern der Schlüssel zur Selbstentdeckung und zum Wachstum. Es ist die Fähigkeit, nicht allein mit den Ohren, sondern mit dem ganzen Wesen zuzuhören – den Gedanken, den Emotionen und den inneren Sehnsüchten. Wenn wir wirklich zuhören, öffnen wir die Tür zu unserem innersten Selbst und erkennen klarer, wer wir sind und wer wir wirklich sein wollen. Wir erkennen auch, wer der andere ist und wer er sein will.

Um anderen Menschen wirklich zuhören und sie wahrnehmen zu können, beginne mit dir selbst.

Übung

Such dir einen ruhigen Ort, an dem du ungestört bist.
Richte deine Aufmerksamkeit auf deine Gedanken, Emotionen und Körperempfindungen.
Nimm sie einfach wahr, ohne sie zu bewerten oder zu analysieren.
Höre bewusst zu.
Begegne dir und auch anderen mit diesem Mindset: Nimm dich und dein Gegenüber wahr, ohne zu werten, ohne zu urteilen. Dann öffne dich für das, was dir anvertraut wird.

Wir denken oft, dass wir alleine nichts ausrichten können. In meinem Fall aber genügte ein einziger Mensch, damit mein Leben eine Wende nehmen konnte.

BE KIND – ZEIGE MITGEFÜHL, SEI EMPATHISCH

Kannst du dich gut in andere hineinversetzen? Erkennst du anhand ihrer Körperhaltung, Mimik und ihres Tonfalls, wie sie sich fühlen, und kannst leicht nachvollziehen, warum sie sich auf eine bestimmte Art verhalten? Dann gehörst auch du zu den empathischen Menschen, die unser Leben bereichern, weil sie in der Lage sind, tiefe Freundschaften und Beziehungen zu anderen aufzubauen, in denen man sich auch ohne Worte versteht.

Vielleicht bist du von Natur aus empathisch. Wir alle können aber auch lernen, mitfühlender zu sein, indem wir unser Gegenüber beobachten, nachfragen, wie es ihm geht, was in ihm vorgeht und uns seinen Gefühlen öffnen.

Wer mit einem Menschen mitfühlt, der Probleme hat, spürt in sich meist den Wunsch, nicht nur zuzuhören, sondern aktiv zu helfen. Das muss nichts mit Geld zu tun haben, manchmal reicht ein Lächeln, ein Händedruck, ein positiver Kommentar auf Social Media. Einfach ein kleines Signal, dass der andere einem nicht egal ist.

Vielleicht hast auch du Lust, hin und wieder gezielt auf deine Umgebung zu achten und zu schauen, wer deinen Support brauchen kann. Wie sehr ein einzelner empathischer Mensch ein ganzes Leben zum Guten verändern kann, zeigt dir meine Geschichte. Deshalb: BE KIND – das kann magisch sein!

Letztlich gab Yasmin mir noch mehr. Denn auch ich wurde zu ihrer Verbündeten, stand für sie ein. Und das ist es doch, was uns Menschen ausmacht. Miteinander, füreinander da zu sein.

KAPITEL 4

Ich werde laut

Niemand bereitet uns darauf vor, wie es wirklich ist, älter zu werden. Wie es sich anfühlt, wenn man unbedingt seine eigenen Entscheidungen treffen will und am liebsten schon erwachsen wäre, obwohl man gerade erst seinen dreizehnten Geburtstag gefeiert hat.

Als ich in die Pubertät kam, musste ich nicht länger darum kämpfen, in der Schule als schlau zu gelten. Besonders das Lesen gelang mir inzwischen so gut, dass ich mich nach außen hin nicht von meinen Mitschülern unterschied. Ich hatte meine Tricks, mit denen ich mir Wörter merkte, und ich hatte dank jahrelangen LRS-Trainings genug Strategien gelernt, um mich in der Welt der Buchstaben zurechtzufinden. Meine Deutsch- und Bio-Lehrerin bestärkte und förderte mich, wo sie nur konnte. Den anderen Lehrern musste ich mich zwar immer noch beweisen, aber was am wichtigsten war: Ich glaubte wieder selbst an mich. Doch plötzlich taten sich neue Herausforderungen auf: zu Hause nämlich. Als Teenager sah ich die kulturellen Unterschiede meiner Familie wie durch ein Vergrößerungsglas. Meine Eltern waren nicht streng, und doch gab es Dinge, die »man« bei uns nicht tat. Einmal, weil meine Eltern anders aufgewachsen waren. Dann, weil sie durch den Kontakt mit arabischen Familien und Verwandten, die nicht so gelassen waren wie sie, einen gewissen Druck spürten. Vor allem aber, weil sie Angst um uns Kinder, besonders um uns Mädchen hatten. Eine Angst, die ich erst nachvollziehen konnte, als ich selbst Mama geworden war …

Herbst 2023

»Wo willst du denn hin?«, rufe ich meiner ältesten Tochter hinterher, die gerade von der Schule gekommen ist und schon wieder wegwill. Hat sie überhaupt was gegessen?

Sie murmelt etwas in sich hinein und verschwindet im Bad.

Was war das denn?

»Ist alles in Ordnung?«, rufe ich durch die geschlossene Badtür.

»Ja-ha«, kommt es genervt zurück.

In nächsten Moment öffnet sich die Tür, und meine Tochter rauscht an mir vorbei. Ich stutze … Irgendwie sieht sie anders aus. Sie wird mir doch nicht krank werden?

»Warte mal!« Sie bleibt stehen, dreht sich zögernd um.

»Was?«

Ich betrachte sie genauer und blinzle.

»Ist das Wimperntusche?«, frage ich ungläubig. Und warum schimmern die Lippen so? »Seit wann benutzt du denn Lipgloss?«

Sie rollt mit den Augen.

Gerade noch kann ich mich stoppen, bevor der Satz »So gehst du mir nicht aus dem Haus« über meine Lippen kommt. Natürlich darf sie sich schminken. Aber sie ist doch gerade mal dreizehn …

»Kann ich jetzt gehen?«, fragt sie mit diesem Unterton in der

Stimme, den Teenies so perfekt beherrschen und der mir gleich das Gefühl gibt, eine von diesen nervigen Müttern zu sein, die ich nie, wirklich nie werden wollte.

»Ja, klar«, sage ich. Da fällt mir ein: Ich war ja genauso!

Es bereitet einen auch niemand darauf vor, wie es wirklich ist, wenn die Kinder groß werden. Wenn sie einen nicht mehr brauchen. Eben noch hat man sie anziehen müssen, ihnen geholfen, die Schuhe zu binden ... und schon haben sie ihre eigenen Vorstellungen vom Leben, wollen ihre Kleidung selbst kaufen, machen Termine beim Zahnarzt, können es kaum erwarten, erwachsen zu sein. So fühlt sich das also an, was meine Mutter mit mir mitmachte, als alles mich dazu drängte, selbständig zu werden: wehmütig, ängstlich, ungläubig und manchmal so richtig genervt.

Fußball, Musik und die Engelchen

Pubertät ist die Zeit, in der das Gehirn einer Baustelle gleicht, auf der es ziemlich chaotisch zugeht. Neuronale Netzwerke entstehen, Denkprozesse beschleunigen sich, und die Hormone tragen auch noch ihren Teil zum Durcheinander bei. Extreme Stimmungsschwankungen, die Suche nach dem Kick, aber auch nach Anerkennung sind die Folge. Und: Man nabelt sich ab. Dazu ist der ganze Stress ja da, den man sich und seinen Eltern macht. Jahrelang hat man sie bedingungslos geliebt, sie waren die Übermama und der Held, eine einzige Quelle der Geborgenheit. Plötzlich aber sieht man sie aus der Distanz, so lieb man sie auch hat. Man bemerkt Dinge, die man vorher nicht gesehen hat. Und man beginnt zu hinterfragen ...

Da war die Sache mit den Engelchen.

Meine Mama hatte mir von klein auf erzählt, dass ich auf jeder Schulter einen Engel sitzen hätte. Der rechts schrieb auf, was ich Gutes getan hatte, der links führte Buch über all die bösen Dinge. Lange Zeit sah ich die Engel in allen Einzelheiten vor mir. Und was ich auch sah, war, dass die Liste mit den bösen Dingen, die man eigentlich nicht hätte tun dürfen, bei mir irgendwie immer länger war als die andere. Das gab Minuspunkte in der finalen Abrechnung, und dann bestand die Gefahr, später in der Hölle zu landen. Kein schöner Ort, da war ich mir sicher. Da schmorte man, hatte unerträgliche Schmerzen, da wollte ich auf keinen Fall landen.

Meine Eltern hatten großes Vertrauen in meine Geschwister und mich, dass wir aus uns selbst heraus wussten, was richtig, was gut, was falsch, was schlecht war. Sie lebten uns ihre Werte vor. Meine Mutter beteuerte immer, dass wir Kinder für das, was sie uns vorzuleben versäumte, keine Minuspunkte kriegen würden. Das sei vielmehr ihr Fehler, für den sie in der Hölle schmoren würde. Weniger Minuspunkte klangen gut, aber dass unsere Mama dafür büßen musste, wollten wir natürlich auch nicht. Deshalb strengten wir uns richtig an, meistens jedenfalls. Ich nehme meinen Eltern ihre Taktiken in keiner Weise übel – sie liebten uns über alles und versuchten einfach, uns zu erziehen und irgendwie Grenzen zu setzen, wo es in ihren Augen nötig war.

Als Heranwachsende stellte ich das mit den Engeln auf meiner Schulter stark in Frage. Denn so einiges, was für meine Mutter undenkbar war, schien für die Eltern von Yasmin und meinen anderen Freundinnen völlig normal zu sein. Dass die

Engelchen uns mit zweierlei Maß maßen, erschien mir seltsam.

Überhaupt gab es in den Augen meiner Mama mit einem Mal so viel, was man nicht tat: zu tiefsitzende und zu enge Hosen tragen, zu kurze Tops anziehen. Und Jungs daten? Das war ein absolutes No-Go.

Warum aber durften das all meine Freundinnen?, fragte ich mich und bald auch meine Eltern. Ich rebellierte auf meine Weise. Ich wollte genau das tun, was andere Mädchen in meinem Alter auch taten: die Kaufhäuser und Drogeriemärkte nach billiger Wimperntusche, Eyeliner, Lipgloss durchstöbern, die Schätze zu Hause auf dem Bett ausbreiten, sich im Bad einschließen, die Schminke ausprobieren ... Dieses tolle Gefühl, zu experimentieren und richtig erwachsen auszusehen (wenigstens in meinen Augen), das wollte ich auf keinen Fall missen.

Meine ältere Schwester hatte schon einiges an Vorarbeit geleistet, bei ihr waren meine Eltern viel strenger gewesen, so dass sie regelrechte Kämpfe ausgetragen hatte. Als ich dreizehn wurde, waren sie deutlich entspannter. Meine Brüder hatten es noch viel einfacher, sie durften sogar Freundinnen mit nach Hause bringen. Doch was uns Mädchen anging? Fehlanzeige.

In der Rückschau begreife ich, dass meine Mutter einfach Angst um uns hatte: dass wir falsche Signale aussenden würden, dass uns etwas passieren könnte. Ihre Jugend war durch die traumatische Flucht und den frühen Tod ihres Vaters so anders verlaufen als meine, ich wollte mir das gar nicht ausmalen, so weh tat der Gedanke daran. Viel später spürte ich, wie viel von ihrer Angst ich in mich aufgesogen hatte. Wie viel von dem Schmerz in ihrem Herzen auch in meinem steckte. Damals aber, als es um Jungs und coole Klamotten ging, darum, in einer Liga wie die anderen Mädchen in meiner Klasse zu spielen, da schob ich das alles weg und beschloss, mich durchzusetzen.

Ein Dorn im Auge meiner Mutter war die Mode. Da waren die Hüft-Jeans, seit Britney Spears ein Must. Eng sollten sie sein und so tief wie möglich sitzen, fand ich. Bis zur Taille reichen und schön weit fallen, fand meine Mutter. Ich weiß noch, wie sie mich zum Hosenkauf begleitete. Ich musste mich bücken, vorbeugen, drehen, in die Knie gehen ... Oft kaufte sie die Jeans dann eine Nummer größer. Ich achtete darauf, dass ich den Bon einsteckte – und tauschte sie anschließend um.

Dann die kurzen Tops, die gerade mal den Busen bedeckten. Natürlich wehrte sie sich dagegen, mir Geld für derart »unanständige« Teile zu geben. Jetzt machten sich meine Fertigkeiten mit der Schere bezahlt, die ich schon im Kindergarten kultiviert hatte. Zack, schnitt ich ein Stück vom Shirt ab, so dass wenigstens etwas vom Bauch zu sehen war. Das selbstgeschneiderte Top ließ ich in der Schultasche verschwinden, um mich auf dem Schulklo umzuziehen – der Klassiker halt. Hin und wieder war ich unvorsichtig und steckte ein solches Teil in die Wäsche. Meine Mutter verlor nie ein Wort darüber. Irgendwann gab sie auch in Sachen Tops nach, achtete aber penibel darauf, dass nicht zu viel zu sehen war.

Einige wirklich coole Teile kaufte ich mir von dem Geld, das ich nebenher verdiente. Ich war nämlich ziemlich geschäftstüchtig und hatte die Vision, dass ich es einmal zu etwas bringen würde.

Neben gelegentlichem Babysitten und dem Austragen von Prospekten, die kaum jemand in seinem Briefkasten haben will, zog ich mit dreizehn, vierzehn Jahren bereits mein erstes

Business auf und richtete in meinem Kinderzimmer »Randas kleinen Beauty-Salon« ein.

Das kam so: Ich hantierte ziemlich früh mit dem Föhn herum, um meine Haare zu bändigen und irgendwie zu glätten. Da ich mich einigermaßen geschickt damit anstellte, bot ich bald anderen an, sie zu frisieren. Ich hatte auch einige Übung im Augenbrauenzupfen, und was das Schminken anging, hatte es mich schon früh fasziniert. Inzwischen sah es auch nicht mehr so wild aus wie noch im Kindergarten. Stattdessen hatte ich meine Liebe zur Ästhetik entdeckt und fand es faszinierend, wie sehr ein Lidstrich den Ausdruck der Augen verändern konnte oder ein bisschen Rouge Konturen in einem Gesicht hervorhob. Hin und wieder bekam ich für meine Beauty-Dienste ein, zwei Mark zugesteckt, die ich für all die gewagten Dinge sparte, die meine Mutter mir damals nie gekauft hätte.

Mein Papa nahm mich gelegentlich zum Polstern mit, wobei ich mir ebenfalls eine Kleinigkeit dazuverdienen konnte. Als Erstes zog ich die Klammern heraus, mit denen der Stoffbezug an einem Stuhl befestigt war. Manchmal stieß ich dabei auf ein paar Pfennige, die sich in eine Ritze verirrt hatten. Als Nächstes entfernte ich das alte Schaumgummipolster und schnitt mit Hilfe meines Vaters ein neues zurecht. Darauf kam Sprühkleber, damit der Stoff besser haftete. Nur beim Antackern stellte ich mich nicht so geschickt an, das übernahm mein Papa lieber selbst.

Ich liebte die Zeit, die ich mit meinem Vater verbringen konnte. Und er war stolz auf mich. Besonders, weil ich ziemlich gut Fußball spielte. Er selbst war in seiner Jugend Fußballer gewesen, und auch mein älterer Bruder hatte Talent und kickte hin und wieder mit mir. Von klein auf entwickelte ich ein gutes Ballgefühl. Außerdem war ich ziemlich schnell, und so setzte mich der Trainer unserer Fußballmannschaft als Stürmerin ein. Ich spielte voller Begeisterung – bis ich eines Tages vor dem Spiegel stand und mal etwas anderes betrachtete als meine Nase, die mir nach wie vor Komplexe bescherte. Ich trug ein Sommerkleid, und als ich meine muskulösen Waden sah, wurde mir klar: Sie hatten denselben Umfang wie meine Oberschenkel. Das ging gar nicht!

Später bestätigte man mir, dass ich ungewöhnlich schnell Muskelmasse aufbaue. Fürs Erste aber bedeutete es, dass ich auf keinen Fall mehr in dem Ausmaß trainieren wollte.

In der Schule war ich zur Klassensprecherin gewählt worden. Ein Meilenstein, wenn ich mich mit dem verängstigten Mädchen verglich, das ich mit sieben, acht Jahren gewesen war. Das hing auch mit der Musik zusammen, die ich mit Leidenschaft machte.

Meine Eltern liebten Musik und taten alles, um uns zu fördern. Sie mussten auch einiges aushalten, dann nämlich, als ich das Schlagzeug für mich entdeckte und in mein dreizehn Quadratmeter großes Zimmer quetschte. Niemand kam mehr rein, was ich gar nicht so schlecht fand, aber meine Mutter kriegte damals die Krise. Dabei hatte ich ziemlich klein angefangen mit der Musik.

Als Kindergartenkind war die Triangel mein Lieblingsinstrument. Ich hatte ein gutes Gespür für den Takt und liebte es, an der richtigen Stelle draufzuhauen. Später lernten mein Bruder und ich Blockflöte, und es klang bald richtig gut – etwas, was nicht selbstverständlich ist bei dem Instrument. Ich war ganz verliebt in meine Flöte, putzte sie ausgiebig und wachste regelmäßig die Stellen, an denen ich die Teile zusammensteckte. Nachts schlief sie in ihrer Instrumententasche. Und als in der Schule alles schiefging, war Flötespielen zeitweise das Einzige, womit ich mich beweisen konnte.

Für die höheren Klassen gab es eine Musik-AG. Ich konnte es kaum erwarten, dort mitzumachen. Das erste Instrument, das ich in der AG lernte, war die Konzertgitarre. Mein Vater kaufte mir auf einem Flohmarkt eine sogenannte Damengitarre mit kleinerem Korpus, damit kam ich gut zurecht. Papa war begeistert, er hätte als Kind so gern ein Instrument gespielt, doch das war nicht möglich gewesen. Als er in dem Alter gewesen war, in dem ich mit dem Gitarrenspiel begann, hatte er sich bereits allein auf den Weg nach Deutschland gemacht, um hier seine Ausbildung zu beginnen. Ich nahm das Üben sehr ernst, kaufte mir ein Stimmgerät und hatte keine Probleme beim Notenlesen – die erschlossen sich mir im Gegensatz zu den Buchstaben wie von selbst.

Als ich sechzehn wurde, schenkte mir meine Schwester Suzi eine E-Gitarre. Ich war vollkommen hin und weg! Die Klangfarben, die ich damit zaubern lernte, waren so kraftvoll. Und ich konnte damit all die Songs spielen, die ich liebte. Jazz, Rock, Hard Rock, Metallica ...

Damals hatten wir einen wirklich tollen Musiklehrer in der AG, der mich schließlich ans Schlagzeug brachte. Schon bald gründeten wir eine Band: Pile of Misery, ein Häufchen Elend. Wir waren halt Teenies, himmelhochjauchzend, zu Tode betrübt, und ein paar Emos waren auch dabei. Die Besonderheit: Wir alle spielten mehrere Instrumente. Daher gehörte es zu unserem Programm, irgendwann von unserem Platz aufzustehen und das Instrument zu wechseln: von der Gitarre zum Bass und weiter zum Schlagzeug. Der Spaß, den wir an der Musik hatten, zündete im Publikum. Und so wurden wir ab und an von anderen Schulen gebucht und fuhren sogar zu Wettbewerben. Zweimal verloren wir gegen Silbermond, was eigentlich schon eine Ehre ist.

Das Schlagzeug war für mich noch mal ein ganz anderes Erlebnis als die Gitarre, denn ich spürte, dass ich beim Spielen etwas loswerden konnte, was mir auf der Seele lag. Es tat gut, laut sein zu dürfen! Überhaupt war Musik für mich von Anfang an mit starken Emotionen verknüpft.

Meine Mutter hatte aus Jordanien eine Tabla mitgebracht, eine traditionelle arabische Trommel, und war richtig gut darauf. Sie spielte auch auf Hochzeiten und bei Henna-Abenden, und nachdem sie mir das Tabla-Spielen beigebracht hatte, nahm sie mich manchmal mit. Dazu wurden alte Lieder aus der Heimat gesungen, was jedes Mal etwas tief in mir berührte.

Ich erinnere mich an einen Auftritt, der meine damalige Zeit perfekt spiegelt. Mein älterer Bruder heiratete, ich hatte die Haare zu einer typischen Hochzeitsfrisur hochgesteckt und trug ein trägerloses Korsagenkleid mit feinen Nadelstreifen, das ich liebte. Als Überraschung für die Gäste nahm ich meine E-Gitarre zur Hand und legte los. Meine Eltern waren unglaublich stolz auf mich. Der arabische Teil der Familie staunte nicht schlecht und war sich vermutlich nicht sicher, was von meinem knappen Outfit und meinem fetzigen Auftritt zu halten war. Und mein Bruder? Der fand es peinlich, freute sich aber doch, wie er mir später gestand.

Später sang ich mit zwei Freundinnen in der eigens gegründeten Band Charlie's Angels. In der Schulband spielte ich auch dann weiter mit, als ich von meiner Schule ins Oberstufenzentrum wechseln musste, um dort meinen Abschluss zu machen. Ein einziger Punkt in Informatik hatte mir gefehlt, um auf meiner alten Schule die Mittlere Reife zu bekommen. Ich bettelte den Lehrer an, versuchte ihn zu überzeugen, suchte nach Möglichkeiten, aber ich stieß gegen eine Mauer. Er war früher Soldat gewesen, liebte den Drill, haute hin und wieder rechtsradikale Sprüche raus. Mich nannte er »Schwarzkopf«, etwas, was ich damals einfach hinnahm. Noch war nicht die Zeit gekommen, sich gegen Rassismus zur Wehr zu setzen, man schluckte derartige Äußerungen runter. Was nicht hieß, dass es nichts mit mir machte. Ich war enttäuscht, ich war wütend. Es kostete mich Kraft, und diesen einen Punkt nicht zu bekommen, setzte mir krass zu. Ich hatte es schwarz auf weiß, dass ich eine Lese-Rechtschreib-Schwäche hatte. Und dennoch war ich einmal mehr der Willkür eines Lehrers ausgesetzt.

Am Oberstufenzentrum war Yasmin nicht mehr an meiner Seite, was unserer Freundschaft jedoch keinen Abbruch tat. Ich schaffte meinen Abschluss auch ohne sie. Und er war so wichtig für mich. Ich, die ich meine Erfolge ständig kleinredete und glaubte, ich hätte sie nicht verdient, wollte mir selbst beweisen, dass ich es wert war, die Mittlere Reife zu erlangen. Das spornte mich an, und ich belohnte mich selbst, indem ich auch die letzte Hürde meiner Schulzeit überwand und ins Berufsleben starten konnte.

SELBSTSUGGESTIONEN

Wir alle führen ständig stumme Selbstgespräche. Mit ihrer Hilfe motivieren wir uns, bauen uns auf – und machen uns selbst viel zu oft runter. Oft visualisieren wir auch dazu: dann zum Beispiel, wenn wir uns Situationen in der Zukunft vorstellen und sie durchspielen. Und manchmal tagträumen wir auch.

Der innere Kritiker setzt uns gewohnheitsmäßig herab, warnt uns, steckt uns in Schubladen. Er sieht uns nicht mit neuen Augen, sondern folgt der Macht der Gewohnheit. Seine Stimme ist starr, so wie seine Meinung von uns. Vielleicht kennst du dieses Gefühl, wenn andere Menschen sich ein Bild von dir machen und nicht davon abweichen wollen? Wenn du alles tust, um ihnen die Augen zu öffnen, aber ohne Erfolg?

In solchen Fällen haben wir nur begrenzt Einfluss. Daher lohnt es sich viel mehr, nach innen zu schauen und die eigenen Selbstgespräche und Suggestionen anzugehen.

Hör dir zu: Nennst du dich selbst einen »Pechvogel« oder ein »Glückskind«?

Sagst du Dinge wie: »Ich gewinne ja nie etwas«, »Das habe ich nicht verdient«, »Ich gebe mich auch mit wenig zufrieden«? Oder träumst du groß und drückst es auch aus? Lobst du dich für deine Erfolge? Feierst du dich? Erkennst du deine Leistungen, deine Einzigartigkeit an?

Die Art und Weise, wie du mit dir sprichst, wirkt sich auf dein ganzes Leben aus. Unsere Gedanken sind Energie, sie erzeugen Gefühle in uns, die wiederum einen Einfluss auf unsere Handlungen und unsere Ausstrahlung haben. Alles, was wir ausstrahlen, kommt zu uns zurück.

Was willst du manifestieren? Wen möchtest du in dein Leben ziehen? Menschen, die all die negativen Botschaften, die du dir selbst einredest, bestärken? Oder wünschst du dir Glück, Liebe, Harmonie, Erfolg in deinem Leben? Wenn du dich für Letzteres entscheidest, können Affirmationen dich unterstützen, auf positive und heilsame Weise mit dir selbst umzugehen.

Nur eines macht dein Traumziel unerreichbar:
die Angst vor dem Versagen.

Paul Coelho

POSITIVES DENKEN UND AFFIRMATIONEN

Viele Jahre lang habe ich mich als Spielball des Schicksals gesehen und hatte das Gefühl, seinen Launen ziemlich ausgeliefert zu sein. Im Kleinen schaffte ich es, mein Leben in die Hand zu nehmen, wurde aktiv, setzte mich durch in einem Umfeld, in dem ich anders war als die meisten. Doch immer wieder stieß ich auf Hindernisse.

Da war der Lehrer, der mir den einen Punkt nicht gab, so dass ich ein ganzes Jahr länger brauchte, um meinen Realschulabschluss zu machen. Da war meine Lese-Rechtschreib-Schwäche, die mir wegen der ungerechten Benotung das Abi verbaute. Meine Nase, mein Aussehen, ich könnte die Liste ewig fortsetzen. Das Schlimme: Ich übersah dabei völlig, dass ich jede Menge Potenzial hatte, um mein Leben zu meistern. Das änderte ich erst, als ich begriff, dass ich eine Entscheidung treffen konnte: Entweder, ich sah mich als Opfer, oder ich ergriff die Initiative.

In diesem Buch bist du schon öfter dem Begriff Affirmation begegnet. Wie bereits erklärt, sind Affirmationen Suggestionen, die wir uns selbst immer wieder vorsagen. Ganz wichtig ist dabei, sie positiv und im »Ist-Zustand« zu formulieren. Ideal ist, wenn wir uns dabei in das Gefühl hineinversetzen, als hätten wir das, was wir uns wünschen, schon erreicht. So manifestieren wir all die positiven Dinge, die das Leben für uns bereithält.

Übung

Stell dich vor den Spiegel. Nimm ein paar tiefe Atemzüge.

Sieh dir in die Augen. Und jetzt sage dir dreimal hintereinander:
»Ich erlaube mir zu empfangen, was ich mir wünsche.
Gute Dinge kommen leicht zu mir.«

Wiederhole diese Affirmation so oft, dass deine Zweifel, deine Unsicherheiten und dein Gefühl, nicht gut genug zu sein, weggewischt werden. Entscheide dich dafür, deinem Leben eine positive Wende zu geben. Sei es dir wert.

Hier ein paar weitere kraftvolle Affirmationen. Sag sie dir mehrmals am Tag vor:

Am Morgen:
Ich liebe mich so, wie ich bin.
Ich glaube fest an meine Ziele. Ich bin überzeugt, sie zu erreichen.
Ich gebe jeden Tag mein Bestes.
Ich bin dankbar für alles, was ich habe.
Ich bin für mein Leben allein verantwortlich.

Zur Selbstmotivation:
Ich habe die Möglichkeit, alles zu erreichen, was ich möchte.
Ich habe die Stärke, um schwierige Zeiten durchzustehen.
Ich habe die Fähigkeit, jede Hürde zu meistern.
Alles, was ich brauche, trage ich bereits in mir.

Loslassen und vergeben:
Ich bin bereit zu vergeben.
Mir selbst und anderen zu vergeben, befreit mich von der Last der Vergangenheit.
Ich vergebe und schenke mir damit Freiheit.

Selbstliebe:
Ich bin wertvoll.
Ich genüge.
Jeden Tag kann ich mehr an mich und meine Fähigkeiten glauben.
Ich verdiene es, Menschen in meinem Leben zu haben, die mich lieben.
Ich bin glücklicher als je zuvor. Ich kann alles erreichen, was ich mir vornehmen. Es beginnt alles mit meiner inneren Einstellung.

Übrigens:
Affirmationen sind auch ein wirksames Tool, um den miesen Verräter zu entlarven: Er macht sich nämlich einen Spaß daraus, dir mit seinen negativen Botschaften zu widersprechen. Dazu später mehr.

Gegen Ende der Schulzeit übernahm ich Promotion-Jobs und hatte meine ersten beruflichen Erfolgserlebnisse. Bald schon durfte ich die Gruppe der Promoter leiten. Zum einen musste ich die Einteilung übernehmen, was mir leichtfiel, zum anderen den Leuten den Job erklären. Als ich dastand, Reden schwang und andere Menschen motivierte, war das ein ganz besonderes Gefühl. Ich liebte es! Und es lag mir. Schließlich hatte ich mich selbst jahrelang immer wieder motivieren müssen. Denn Aufgeben war – und ist – für mich keine Option.

KAPITEL 5

So verliebt …

Mit neunzehn Jahren begann ich damit, mir mein eigenes Leben aufzubauen. Ich hatte eine Ausbildung zur Sport- und Fitnesskauffrau absolviert und arbeitete in einem Studio mitten in Berlin. Sport hatte mir immer schon Spaß gemacht, und als Sales Managerin war ich für den Abschluss von Verträgen verantwortlich. Das lag mir total. Was mir nicht lag, war meine Chefin, eine dominante Frau, von der ich mich richtig überfahren fühlte. Wie viele Menschen in leitenden Positionen demonstrierte sie ihre Macht, indem sie über alles bestimmen wollte und keine andere Meinung zuließ. Ich selbst hatte den Kopf voller Ideen, doch in ihrer Gegenwart fühlte ich mich richtig eingeschüchtert.

Plötzlich war ich wieder die kleine Randa, die über ihren Arbeitsblättern brütete und den abschätzigen Blick ihrer Lehrerin im Nacken spürte. Ich hatte Angst, Fehler zu machen – und das tötet die Kreativität. Statt offen auf potenzielle Kunden zuzugehen und spontan zu sein, musste ich die Standardsätze meiner Chefin aufsagen. Ich konnte nicht aufblühen, mein Potenzial nicht ausschöpfen. Das kostete Kraft. An manchen Morgen wollte ich gar nicht aus dem Bett, so schwer fühlte sich alles an.

Natürlich wollte ich Erfolg im Job haben, aber Verkaufen hat auch immer etwas mit einer gewissen Ethik zu tun. Um jeden Preis einen Studiovertrag an die Leute bringen? Das wollte ich auf keinen Fall. Meine Eltern hatten mir immer wieder gesagt: Behandle andere so, wie du selbst behandelt werden möchtest. Und daran hielt ich mich, hangelte mich von Tag zu Tag und bemühte mich, das Positive zu sehen: Da war der Umgang mit sportbegeisterten Menschen, das Gefühl, etwas Sinnvolles zu tun, kleine Erfolge und auch finanzielle Sicherheit.

Eigentlich hätte man glauben können, der miese Verräter sei dabei, sich zurückzuziehen. Stattdessen bewies er eine übermenschliche Geduld und wartete auf seinen Einsatz.

Weniger geduldig war ich, als eines Tages ein großer, gut aussehender Mann vor mir stand: braun gebrannt mit leichtem Rotstich, blonde Lockenmähne und unglaublich blaue Augen. Er wollte einen Vertrag in unserem Fitnessstudio abschließen und war bei mir gelandet. An dem Tag hatten wir eine Promotion für ein neues Studio unserer Kette, für jeden Kunden waren maximal zwanzig Minuten vorgesehen. Ich tat mein Bestes, das Gespräch aufzulockern, war freundlich und herzlich. Er aber verzog keine Miene. Also zählte ich ihm die Vorteile eines Vertragsabschlusses bei uns auf, zauberte einen Bonus nach dem anderen aus dem Hut. Seine Reaktion? Er ließ sich den Vertrag haargenau erklären und verlangte dann die AGB zu lesen – das Kleingedruckte, das seinen Namen zu Recht bekommen hat und dermaßen viel Text beinhaltet, dass jeder normale Mensch nach den ersten Paragraphen abwinkt und unterschreibt. Und was tat er? Er machte es sich auf dem Stuhl mir gegenüber bequem und las. Jedes. Einzelne. Wort. Die Minuten verstrichen, ich wurde langsam nervös. Meine Chefin kam in regelmäßigen Abständen zu mir rüber und deutete demonstrativ auf ihre Uhr. Das machte die Situation nicht gerade besser.

Irgendwann sah er auf, nickte mir zu, stand auf – und verschwand. Ohne einen Vertrag abzuschließen! Ich war so was von genervt. Überhaupt hatte er mir null gefallen. Na ja, die Augen schon, und die blonden Locken waren auch irgendwie süß. Ansonsten war er viel zu arrogant rübergekommen. Gar nicht mein Fall.

Ich ahnte ja nicht, dass an diesem Tag die Love Story meines Lebens beginnen sollte. Mein mieser Verräter war irgendwie schneller als ich und begann im Hintergrund zu plotten. In den nächsten Wochen und Monaten holte er sämtliche Unsicherheiten hervor, die ich in den neunzehn Jahren meines Lebens angesammelt hatte: Guck dich doch an. Bist sowieso nicht gut genug für den. Kannste vergessen.

2006

Dominic und ich kennen uns jetzt schon über ein Jahr, sind beste Freunde, doch zwischen uns ist so viel mehr, das spüre ich genau. Heute Abend besuche ich ihn auf seiner Arbeit, und nach seiner Schicht haben wir ein Date. Ich bin so aufgeregt! Zum hundertsten Mal kontrolliere ich im Spiegel, wie ich aussehe, streiche mir über das Haar, das ich aufwendig geglättet habe.

Als ich den Club betrete, sehe ich ihn gleich. Mein Puls beschleunigt sich. Dominic steht hinter der Bar. Er wirft gerade eine Flasche mit Hochprozentigem hoch, fängt sie mit links, macht ganz auf coolen Barkeeper. Als Nächstes schüttet er etwas in einen Shaker und zieht seine Show ab.

Gut sieht er aus, irgendwie lässig, und das merke nicht nur ich. Zwei, drei Mädels stehen an der Theke und werfen ihm eindeutige Blicke zu, spielen mit ihren Haaren, lachen gekünstelt. Mein Magen zieht sich zusammen. Noch hat er mich nicht bemerkt. Ich beobachte die Szene und fühle mich wie erstarrt. Hat er sie gerade angelächelt? Plötzlich spüre ich einen Stich im Herzen. Er könnte sie alle haben. Wie komme ich bloß auf die Idee, ich wäre gut genug für ihn?

Die Unsicherheit und die Selbstzweifel wurden zu meinen festen Begleitern, während ich mich in Dominic verliebte. Am ersten Tag aber, als er mir im Studio gegenübersaß, da hatte ich nichts in Sachen Liebe im Sinn. Da fand ich ihn einfach nur nervig, arrogant und vollkommen daneben.

Auf der Achterbahn

Ein paar Tage, nachdem Dominic seelenruhig meinen Schreibtisch blockiert hatte, saß ich gerade hinter einem Paravent und stopfte in aller Schnelle asiatisches Essen in mich hinein. Noch immer lief die Promotion, wir standen alle ziemlich unter Druck. Da kam eine Kollegin zu mir und sagte leise: »Du, Randa, dieser Typ von neulich ist wieder da. Der, den du so unfreundlich fandest. Er will noch mal von dir beraten werden.«

Ich verdrehte die Augen. »Also nee, bitte nicht. Ganz ehrlich? Ich schenk euch den. Mit dem will ich nichts zu tun haben.«

Meine Kollegin freute sich. Schließlich hatte ich die ganze Vorarbeit geleistet, und sie durfte die Provision einstreichen. Falls er sich diesmal wirklich dazu herabließ, den Vertrag zu unterschreiben.

Hastig aß ich weiter, als sie schon wieder zu mir hinter den Paravent schlüpfte. »Sorry, aber der will nur von dir beraten werden.«

»Okay, ich komme.« Ich war ja so was von genervt. Notgedrungen ließ ich mein Essen stehen und setzte ein Lächeln auf. Als ich ihn sah, dachte ich bloß: Geh bitte. So einen Korinthenkacker wie dich will ich echt nicht im Studio haben. Ich kannte solche Typen, sie hatten ständig an allem etwas auszusetzen.

Doch mir saß meine Chefin im Nacken. Also machte ich auf professionell, bemühte mich um eine lockere Atmosphäre für unser Kundengespräch und fragte ihn, was er denn beruflich so mache. Smalltalk eben – nicht, dass es mich in irgendeiner Weise interessiert hätte. Dominic aber zückte seine Brieftasche und schmiss eine Visitenkarte auf den Tisch. Geht's noch?, dachte ich bloß.

»Hier, da arbeite ich«, sagte er und deutete mit dem Kinn auf die Karte. »Als Barkeeper.« Ich sah das Logo, es handelte sich um den coolsten Club Berlins.

»Kannst mich ja mal besuchen kommen«, schob er lässig hinterher.

Ganz sicher nicht, dachte ich und schenkte ihm ein zuckersüßes Lächeln. Meine Augen erreichte es nicht.

Tatsächlich unterschrieb er den Vertrag und war in den folgenden Wochen wider Erwarten richtig pflegeleicht.

Wir arbeiteten in gläsernen Büros, jeder konnte jeden sehen. Dominic kam täglich zum Trainieren. Dann klopfte er kurz bei mir an die Scheibe und wünschte mir einen schönen Tag. Ich war mir nicht sicher, ob er einfach positiv drauf war oder eine Taktik verfolgte und eine Spur mit Brotkrumen auslegte. Man weiß ja, wie übel das Märchen weitergeht, und ich dachte gar nicht dran, dieser Spur zu folgen.

Kundenbetreuung wurde bei uns großgeschrieben, schließlich galt es, die Mitglieder zu binden. Einmal im Monat fand deshalb eine Party der gesamten Kette statt.

»Randa, geh doch mal auf die Fitnessfläche und lade die Kunden ein, die einen Vertrag bei dir abgeschlossen hatten«, sagte meine Chefin.

Als die Reihe an Dominic war, war dies der Startschuss für eine Kette von Missverständnissen, über die ich im Nachhinein nur den Kopf schütteln konnte. Es fing an mit meiner Einladung.

»Möchtest du mit mir am Freitag auf unsere Mitgliederparty gehen?«, fragte ich. Das war der Standardsatz, den jeder zu hören bekam, gefolgt von: »Wir treffen uns alle um 19 Uhr hier im Studio und fahren dann gemeinsam zur Location.«

Dominic aber hörte bloß »du«, »mit mir«, »Party«. Selektives Hören nennt man das. Er war felsenfest davon überzeugt, dass ich ihn und nur ihn gerade zu einem Date eingeladen hatte, und beeilte sich, zuzusagen. Noch ahnte ich nichts davon, im Gegenteil. Ich hatte an dem Abend nämlich selbst ein Date – und zwar ganz bestimmt nicht mit diesem Schnösel.

An besagtem Freitag fuhr meine Chefin mit den anderen schon vor, während ich warten sollte, ob noch Gäste kämen. Der Einzige, der auftauchte, war Dominic. Er trug ein dunkelblaues Sakko mit einer kleinen roten Blume im Knopfloch. Das sah ja gruselig aus! Noch dazu für den Anlass!

Ich zog mich rasch für mein Date um. Als ich in meinem Outfit für den Abend vor ihm stand, bemerkte ich zum ersten Mal seine Blicke. Und es wurde noch peinlicher. Da außer Dominic keiner mehr nachgekommen war, bat meine Chefin mich, ihn mit meinem Auto bei der Party-Location abzusetzen. Ich war neunzehn, gutgläubig, ihr zu widersprechen, hätte ich nicht gewagt. Also nahm ich Dominic mit – in meinem Ford Fiesta, einer echten Gurke, die älter war als ich, durchfallgrün und völlig chaotisch im Innern. Dazu muss man sagen, dass ich zwar schon immer ein sehr ordentlicher und penibler Mensch war, mein Auto damals aber so eine Art Hoheitsgebiet war, für das andere Regeln galten. Da ich viel und lange arbeitete, hatte ich nämlich meinen halben Kleiderschrank dabei.

Benzin war auch keines mehr im Tank. Ich schaffte es noch zur nächsten Tankstelle. Als ich an der Zapfsäule hielt und aussteigen wollte, meine Dominic nur: »Ich mach das schon.« Er tankte für mich, bezahlte, und dazwischen wischte er auch noch die Scheiben, die es dringend nötig hatten.

Entweder ist er wirklich ein netter Typ, oder er hat einen an der Bammel, dachte ich und wurde einfach nicht schlau aus ihm.

Sobald wir am Potsdamer Platz ankamen und parkten, half er mir aus dem Auto und reichte mir die Hand, als es treppabwärts ging. Unten hielt er mir die Tür zum Club auf, so richtig gentlemanlike. So einer war mir ja noch nie untergekommen.

Was nett gemeint war, schlug jedoch Wellen. Als Erstes stürmte mein Date, das dort im Club auf mich gewartet hatte, auf mich zu, stellte mich zur Rede, was das sollte, dass ich mit einem anderen Mann zu unserer Verabredung käme und dann auch noch so vertraut mit ihm täte. Ich versuchte, ihm die Situation zu erklären, doch er glaubte mir kein Wort und stampfte wutentbrannt davon.

Dann kam auch noch der Chef der Studiokette auf mich zu und rief laut: »Randa, ist das dein neuer Freund?« Im nächsten Moment wedelte er mit einem Fünfzig-Euro-Schein vor meiner Nase herum, lobte mich vor allen Mitarbeitenden für mein Verkaufstalent und reichte mir den Schein mit den Worten: »Hier, mach dir einen schönen Abend mit deinem neuen Freund.«

Das lief ja völlig aus dem Ruder! Vor mir wartete mein Chef darauf, dass ich seine Begeisterung teilte, von links und rechts schossen meine Kolleginnen und Kollegen spitze grüne Neid-Pfeile auf mich ab. Und viel zu dicht hinter mir stand Dominic und bewegte rhythmisch die Hüften zur Musik. Ich bekam Fluchtimpulse, und so endete das Ganze damit, dass Dominic und ich beschlossen, das Weite zu suchen und die fünfzig Euro auf den Kopf zu hauen.

Wir wechselten vom Club in eine kleine Sushi-Bar. Und so kam Dominic doch noch zu seinem Einzel-Date. Es wurde ein richtig schöner Abend. Wir lachten viel, entdeckten Gemeinsamkeiten, redeten und redeten. Irgendwann war Mitternacht vorbei, und wir redeten noch immer. Wir hatten einen ähnlichen Musikgeschmack, was selten war. Die meisten Männer in meinem Alter bevorzugten damals Pop, Dominic aber liebte auch Blues und Jazz, genau wie ich. Um drei Uhr in der Früh verabschiedeten wir uns voneinander. Eines war mir klar geworden: Diese Arroganz, die er an den Tag gelegt hatte, war nichts anderes gewesen als der Versuch, cool rüberzukommen. Im Innern war er völlig anders.

In den folgenden Wochen tauschten wir Musiktipps aus, gingen tanzen und ins Kino – und wenn wir uns nicht sahen, telefonierten wir stundenlang. Damals wurden die Telefonate noch per Minute abgerechnet, wir verquatschten unser halbes Gehalt. Dominic entwickelte ziemlich bald Gefühle für mich, die über Freundschaft hinausgingen. Wenn ich in mich hineinhorchte, ging es mir ganz ähnlich. Aber ich war längst nicht so weit, das zuzulassen.

Damals wohnte ich noch bei meinen Eltern. Hin und wieder ging ich auf ein Date, aber ich hatte es nicht eilig, mich zu binden. Das lag auch an der Kultur, in der ich aufwuchs. Ich wünschte mir keine unverbindliche Liebesgeschichte, sondern eine Partnerschaft fürs Leben. Nachdem die Sache mit meinem letzten Date so unschön geendet hatte, wollte ich sowieso erst mal Abstand gewinnen und mir klar darüber werden, was für einen Menschen ich mir an meiner Seite wünschte. Als Dominic mich dann fragte, ob ich mir mehr vorstellen könne mit ihm, als nur befreundet zu sein, sagte ich daher zu ihm: »Irgendwie schon, aber jetzt gerade nicht.«

Was für mich logisch klang, war für ihn sehr verletzend. Für Dominic gab es in dieser Angelegenheit nur ein Ja oder Nein. Eine Weile wollte er gar nicht mehr mit mir reden. Ich suchte das Gespräch mit ihm, versicherte ihm, dass mir unsere Freundschaft extrem wichtig sei und dass meine Entscheidung nichts mit ihm persönlich zu tun hätte. In der Zeit wurden wir beste Freunde. Irgendwann schenkte er mir eine CD von den Söhnen Mannheims und sagte: »Hör dir mal den Song ›Wenn du schläfst‹ an. Dann weißt du, was ich für dich fühle.« Der Song begann mit den Worten: »Ich will nur in deiner Nähe sein …«

Das wollte ich ja auch – in seiner Nähe sein. Ich liebte Dominic längst, doch ich hatte so viel Angst, verletzt zu werden. Angst, ihn zu verlieren, wenn ich mit diesem ganzen Rattenschwanz an Verpflichtungen daherkäme, die eine Beziehung zu mir mit sich brächte. Ich war mir sicher, dass er noch nicht bereit war, sich fest zu binden. Seine längste Beziehung hatte gerade mal fünf Monate gedauert. Ich traute mich auch nicht, ihn auf unsere kulturellen Unterschiede anzusprechen, weil ich sicher war, er würde das Weite suchen, wenn er erst mal wüsste, woran er mit mir wäre. Doch die Anziehung zwischen uns war stark, wir waren wie zwei Teile eines Ganzen, die gar nicht anders konnten, als zusammen zu sein. Und so beschlossen wir, heimlich auf ein Date zu gehen, und es wurde enger zwischen uns.

Dominic löste etwas in mir aus, was bisher noch kein anderer Mann geschafft hatte. Er gab mir das Gefühl, angekommen zu sein. Da war so viel Wärme und Geborgenheit, die er mir schenkte. Ich bin ein gutgläubiger Mensch, gehe immer erst einmal vom Besten in anderen aus. Das macht mich in einer Welt, in der viele allein auf ihren Vorteil bedacht sind, extrem verletzlich. Dominic aber war grundehrlich, er spielte nicht mit mir. Und das gab mir Halt und auch Sicherheit. Mir war gar nicht klar gewesen, dass ich genau danach gesucht hatte. Ich hatte nur gewusst, was ich nicht wollte: einen Kindskopf, jemanden, der in einer Phantasiewelt lebte und planlos irgendwelchen Ideen nachhing. Mit meinen neunzehn Jahren war ich ja selbst noch in manchen Dingen kindlich und brauchte niemanden, der mir zusätzlich Flausen in den Kopf setzte. Dominic war so vernünftig und ein ganzes Stück erwachsener als ich, das imponierte mir. Er hinterfragte alles und hatte konkrete Vorstellungen von seiner Zukunft. Familie war ihm wichtig, auch die Natur, er wollte später mal ins Grüne ziehen. Dass er einen Plan vom Leben hatte, half mir, mich auf ihn einzulassen. Bei ihm wusste ich, woran ich war. Später erzählte er mir, dass seine Eltern, als er sechzehn gewesen war, einen schlimmen Unfall gehabt und monatelang schwerst verletzt im Krankenhaus gelegen hatten. Damals war er von einem Moment auf den anderen in die Verantwortung gezogen worden und hatte die bittere Realität geschmeckt: dass in unserem Leben nichts für immer, nichts auf Dauer ist. Das spürte man ihm an. Er war so reif, so ernst – und zugleich für jeden Spaß zu haben.

In den Monaten, in denen wir uns näherkamen, wuchs eine unbeschreiblich tiefe Liebe in mir. Wir waren uns in vielem so ähnlich, ergänzten und stärkten uns. Mit ihm an meiner Seite hatte ich Wurzeln und Flügel. Gleichzeitig hatte ich unheimliche Angst, ihn zu verlieren. Ich sehnte mich nach einem emotionalen Zuhause, einer Sicherheit, einem Bekenntnis.

Ich denke, das geht uns allen so. Wenn wir lieben, uns auf einen anderen Menschen voll und ganz einlassen, machen wir uns verletzlich. Doch Gefühle können sich verändern, und dann? Dann tut der Verlust extrem weh. Vor dem Schmerz wollen wir uns schützen, entweder, indem wir die Liebe nicht zulassen, oder aber, indem wir uns Sicherheit wünschen.

In meiner Kultur ist es üblich, dass nichts heimlich geschieht. Wenn man jemanden trifft, zu dem man sich hingezogen fühlt, wird offen gesagt, dass man einander kennenlernen möchte. Nach der Phase des Datens entscheidet man sich, geht entweder auseinander oder besiegelt mit einem Eheversprechen den Wunsch, das Leben fortan gemeinsam zu verbringen.

Plötzlich fühlte ich mich zerrissen: zwischen dem Wunsch, ein solches Versprechen von Dominic zu hören, und dem Gefühl, ihn damit völlig zu überfordern. Wir waren ja noch gar nicht richtig zusammen. Und so auf Probe zusammenleben und schauen, ob es passte – das ging nicht für mich.

Irgendwann war ich in seiner Wohnung und spürte, ich konnte so nicht weitermachen. Mein Puls raste. Die Angst, ihn zu verlieren, war unfassbar groß. Doch die Vorstellung, mich noch mehr in ihn zu verlieben und am Ende noch tiefer zu fallen, war absolut unerträglich. Mein Mund war ganz trocken, ich räusperte mich, überwand mich und sagte: »Ich kann so nicht mehr weitermachen. Entweder, wir machen einen Cut und sehen uns nicht mehr, oder wir ziehen das durch und bleiben zusammen.«

»Nein«, sagte Dominic nur.

Das war's. Ich schluckte. Wortlos zog ich meine Jacke an und mied seinen Blick, weil ich Angst hatte zusammenzubrechen. Als ich die Hand an der Klinke hatte, griff er nach meinem Arm, zog mich zurück.

»Nein, ich lass dich nicht gehen«, sagte er dicht an meinem Ohr.

Ich konnte mein Glück nicht fassen. Dieser wundervolle Mann hatte sich tatsächlich für mich entschieden? Dieser Mann, von dem ich so gehofft hatte, dass er es genauso ernst meinen könnte wie ich? Der so perfekt zu mir passte, mich so immens glücklich machte …

Im Stillen hatte ich Angst, ich würde irgendwann morgens aufwachen und eine Nachricht von ihm vorfinden, in der er mir mitteilte, er hätte sich getäuscht, und ich sei doch nicht die Frau, die er suchte. Der miese Verräter in meinem Kopf redete mir ein, Dominic könnte an jeder Ecke etwas Besseres finden als mich. Auch als wir schon verheiratet waren, sagte ich hin und wieder zu ihm: »Kannst du mich mal zwicken?« Ich wollte sichergehen, dass ich nicht bloß träumte, dass er wirklich der Mann war, mit dem ich eine Familie gründen und alt werden würde.

Als Nebenjob verkauften Dominic und ich Kleidung nach Maß. Zu dem Zeitpunkt waren wir noch beste Freunde und nichts weiter. Zumindest redeten wir uns das ein. Als wir einen Termin in einem Laden in der Nähe vom Antiquitätengeschäft meines Vaters hatten, fragte ich meinen Papa, ob er Lust hätte, mit Dominic und mir in unserer Pause einen Kaffee zu trinken. So liefen sich die beiden erstmals über den Weg. Mein Bruder kam auch vorbei, es herrschte eine nette Atmosphäre. Was ich nicht ahnte: Mein Bruder und Dominic blieben in lockerem Kontakt. Irgendwann kam das Gespräch auf ihren Glauben. Dominic war erzkatholisch aufgewachsen und hatte sich früh für Religion und die großen Fragen des Lebens interessiert: Woher wir kommen, ob es eine höhere spirituelle Macht gibt, wohin wir nach unserem Leben gehen? Doch wann immer er seinen Religionslehrer oder den Pfarrer mit Fragen bombardierte, bekam er keine wirkliche Antwort.

Irgendwann meinte mein Bruder, er könne ja mal mit in die Moschee gehen. Und das tat Dominic. Auch hier war er keiner, der blind glaubte, was der Hodscha erzählte. Doch die Vorträge berührten etwas tief in ihm, und wenn er nachhakte, bekam er Antworten auf seine Fragen, die ihm einleuchteten.

Vermutlich spielten die Gefühle für mich auch eine Rolle, dass Dominic sich mit dem Islam auseinandersetzte. Jedenfalls klopfte er eines Morgens, als wir schon schrecklich verliebt ineinander waren, an die Scheibe meines gläsernen Büros und begrüßte mich mit einem »Salam aleikum«. »Wa aleikum assalam«, antwortete ich automatisch und guckte ihn dann erstaunt an. Da erzählte er mir, dass er zum Islam konvertiert sei. Ich konnte es kaum fassen! So viele Vorurteile herrschten gegenüber Muslimen. Die meisten Menschen dachten an Extremisten, Djihadisten, den IS. Dass Dominic sich mit dem Herzen des Islams beschäftigte, dem Anspruch, sich jeden Tag für das Gute, für Frieden und Gerechtigkeit einzusetzen, berührte mich. Und es machte es viel leichter, mit ihm darüber zu sprechen, wie unsere nächsten Schritte als Paar aussahen.

Als Erstes stand das Kennenlernen mit meinen Eltern an,

damit die Heimlichkeiten ein Ende hatten und wir uns offiziell daten konnten.

Es war Anfang Januar. Ich war ja so aufgeregt! Bisher hatte ich nur meine Mutter eingeweiht, dass ich Dominic traf. Natürlich spürte sie, dass er mir etwas bedeutete. Sie hantierte gerade mal wieder in der Küche mit ihren Töpfen und Pfannen, als ich zu ihr ging und ihr sagte, dass Dominic sie und meinen Papa kennenlernen und um Erlaubnis bitten wolle, mich näher kennenzulernen.

»Bist du dir ganz sicher, dass er der Richtige ist?«, fragte meine Mutter und sah mich an.

»Ja, das bin ich«, sagte ich.

»Weißt du, wenn man einen Menschen wirklich liebt, dann ist das so ein Gefühl, als würde man im Flugzeug sitzen und landen. Man ist angekommen.«

Ich nickte. Genauso fühlte sich das mit Dominic an.

Meine Mutter war niemand, der lange zögerte. »Komm, wir gehen gleich zu deinem Papa und fragen ihn, ob es ihm recht ist.«

Das Herz klopfte mir bis zum Hals. Mein Vater und Dominic waren die wichtigsten Männer in meinem Leben, und ich war das totale Papakind. Für einen Moment hatte ich Sorge, ich könnte auf einen Schlag beide verlieren. Auch wenn ich mir keinen Grund dafür vorstellen konnte, war die Situation völlig neu für mich, und ich wusste nicht, was mich erwartete. Entsprechend nervös war ich, als ich mit meiner Mutter ins Wohnzimmer trat, mich zu meinem Papa setzte und ihm sagte, ich hätte einen Mann kennengelernt. Er würde gern zu uns nach Hause kommen und um Erlaubnis bitten, mich zu treffen.

Mein Vater blickte auf, sah mich einen Moment an und fragte dann: »Ist es Dominic?«

Wie bitte? Vollkommen erstaunt nickte ich.

»Natürlich kann er vorbeikommen. Nächsten Sonntag?«

Mein Papa – er wusste einfach alles. Offenbar hatte er bei unserem kurzen Treffen im Café schon gespürt, dass da mehr zwischen Dominic und mir war, als ich mir damals eingestehen wollte.

Zwei Tage später war es so weit.

Dominic hatte mich gefragt, ob es etwas Besonderes zu beachten gebe. »Zieh dir was Modisches an, mein Vater legt Wert auf Stil«, hatte ich gesagt. Ich selbst hatte mich auch hübsch gemacht, trug ein enganliegendes cremefarbenes Wollkleid mit V-Ausschnitt.

Ich war fürchterlich aufgeregt. Was, wenn Dominic doch noch einen Rückzieher machte? Außerdem war es das allererste Mal, dass ich einen Mann mit nach Hause brachte. Mein Vater würde mich nicht mehr als kleines Mädchen sehen, sondern als künftige Ehefrau von Dominic. In meinem Kopf drehte sich alles.

Den halben Tag stand ich mit meiner Mutter in der Küche, denn natürlich sollte es ein großes arabisches Essen geben, um Dominic in der Familie willkommen zu heißen. Falls er denn wirklich kam ...

Mein Bruder holte ihn am S-Bahnhof ab. Zur verabredeten Zeit standen die beiden vor der Tür, Dominic in einem braunen Anzug mit passendem Gürtel und Schuhen und einer orangefarbenen Krawatte zum weißen Hemd. Sogar an ein Einstecktuch hatte er gedacht. Das Gefühl, wie er da in meiner arabischen Blase auftauchte, vor meinen Eltern stand, an meiner

Seite, war völlig surreal ... Mein Vater sah das Strahlen in meinen Augen und war sich sicher, dass Dominic mich glücklich machen würde. Mehr brauchte er nicht über ihn zu wissen.

Einen Monat später leisteten wir unser traditionelles Eheversprechen und waren verlobt. Meine Eltern schlossen Dominic tief ins Herz. »Du bist jetzt wie unser eigener Sohn«, sagten sie zu ihm und umarmten und beschenkten ihn. »Wir werden immer hinter dir stehen.«

Dann war es an der Zeit, dass ich Dominics Eltern kennenlernte. Als wir uns mit dem Zug auf den Weg nach Bayern machten, hatte ich keine Ahnung, was mich dort erwartete. Die Landschaft war wie eine wunderschöne, leicht kitschige Postkarte. Aus dem Zugfenster blickte ich auf das Panorama der Alpen, die Gipfel schneebedeckt. Der Teufelsberg in Berlin brachte es auf gerade mal einhundertzwanzig Meter. Hoffentlich kam keiner auf die Idee, mich auf einen dieser gewaltigen Berge hier zu schleppen.

Suchend drehte ich mich um, als wir am Bahnhof ankamen und aus dem Zug stiegen. Wo waren denn die ganzen Leute?

»Das ist ja ein Dorf«, meinte ich.

»Das ist kein Dorf, das ist ein Markt«, erwiderte Dominic.

»Da ist ja jeder Bezirk in Berlin größer«, murmelte ich in mich hinein. Doch das Dorf, sorry, der Markt sah hübsch aus, die Häuser mit typisch bayerischen Holzbalkonen, im Hintergrund eine Kirche mit einem Zwiebelturm.

Da kam auch schon Dominics Mutter in ihrem Mini angeflitzt, stieg aus und stöckelte in High Heels auf uns zu. Hoppla, diese wunderschöne Frau war seine Mutter? Sie hätte locker seine große Schwester sein können, so jung sah sie aus mit ihren blonden Haaren, der Skinny Jeans und der modischen, kurz geschnittenen Jacke.

Als wir in der Wohnung seiner Mutter ankamen, setzten wir uns ins Wohnzimmer und machten Smalltalk. Das war nett, doch Dominic und ich warfen uns immer wieder verstohlene Blicke zu. In unseren Köpfen kreiste die Frage aller Fragen: Wie sagen wir's seiner Familie?

Bei mir zu Hause war Dominic mit offenen Armen empfangen worden. Genau das wünschte er sich auch für mich. »Ich war stolz darauf, dass du meine Frau werden würdest«, sagte er später mal zu mir. »Und ich war so stolz darauf, dich meiner Familie als meine zukünftige Ehefrau vorzustellen.«

Irgendwann während des Gesprächs fiel Dominic sozusagen mit der Tür ins Haus, so im Stil von: »Randa und ich haben uns verlobt, wir werden in zweieinhalb Monaten heiraten, ach, und ich bin zum Islam konvertiert.«

Im nächsten Moment geschahen zwei Dinge: Es wurde so still, dass man die Kühe fernab auf der Winterweide muhen hörte. Und: Meine zukünftige Schwiegermama wurde so weiß wie die schicke Ledercouch, auf der sie saß. Angestrengt schluckte sie, räusperte sich und meinte dann: »Das ist ja eine Überraschung.«

Begeisterung sah anders aus, so viel war klar. Gut, man hätte sie vielleicht vorbereiten können. Aber warum eigentlich? Dominic und ich waren fest davon überzeugt, zusammenzugehören. Wir liebten uns so sehr. Klar, wir waren erst zwanzig und dreiundzwanzig, aber wir hatten uns füreinander entschieden, und wir wollten das volle Programm.

Unsicher blickte ich zu Dominic. »Du bist jetzt unser Sohn«, hatten meine Eltern zu ihm gesagt, als wir uns die Ehe versprachen. Zum Glück hatte ich mir die Frage verkniffen, ob ich Dominics Mutter »Mama« nennen sollte.

Am nächsten Tag erwiesen sich seine Eltern als äußerst

gastfreundlich. Gemeinsam erkundeten wir die Gegend, gingen schön essen und fuhren mit dem Schiff auf die idyllische Fraueninsel. Es war kalt und bereits dunkel, als wir uns auf den Nachhauseweg machten. Fröstelnd zog ich den Kragen meiner Jacke hoch, als Dominics Mutter meinte: »So, Randa, setz dich zu mir in den Wagen. Dominic fährt mit seinem Vater.«

Was war denn jetzt los? Wieso durften wir nicht zusammen fahren? Ich fühlte mich unbehaglich, als ich auf den Beifahrersitz des Minis kletterte. Und schon prasselten die Fragen auf mich ein.

»Ihr seid doch noch so jung«, meinte seine Mutter, »habt ihr euch das denn wirklich gut überlegt? Warum wartet ihr nicht erst mal ab, wie sich das mit euch beiden entwickelt? Oder gibt es etwa einen Grund, jetzt schon zu heiraten?«

Natürlich gab es einen Grund zu heiraten: Wir liebten uns! Und nein, ich war nicht schwanger!

Ich wurde immer kleiner auf dem Sitz und fühlte mich völlig erschlagen, als ich zwanzig Minuten später aus dem Auto stieg. Dominic wartete bereits auf mich, in seinen Augen stand der Zorn. Er war wütend und enttäuscht von seinen Eltern.

Wenn ich mich heute in die beiden hineinversetze, kann ich ihre Reaktion zum Teil nachvollziehen. Sie dachten, sie müssten uns zur Vernunft bringen, und hatten daher eine Art Intervention geplant. Sie wollten uns schützen, aber für uns war das Ganze ziemlich unangenehm und warf fürs Erste einen Schatten auf die Beziehung zu meinen künftigen Schwiegereltern. Ob ich auch so ein Verhör starten würde, wenn mein Sohn in zwanzig Jahren mit einer drei Jahre jüngeren Freundin nach Hause käme und verkünden würde, er wolle heiraten? Hoffentlich nicht!

Doch es gab einen Menschen, der mir so begegnete, wie ich

es mir erhofft hatte: Dominics Oma. Sie empfing mich mit offenen Armen und schloss mich schon bei unserer ersten Begegnung ins Herz. »Du bist jetzt meine Enkeltochter«, sagte sie, und ich war überglücklich, auch eine Oma in Deutschland zu haben.

Ansonsten erlebte ich in Bayern so einige Culture Crashs. Da war die Freundlichkeit der Menschen, als Berlinerin war ich das überhaupt nicht gewohnt. »Griaß Eana, servus, wie geht's Eana heut?«, begrüßte mich die Bäckerin und lächelte mich an. Hä? Wollte sie allen Ernstes wissen, wie es mir ging? Sie kannte mich doch gar nicht.

Und dann die Sprache! Pfannkuchen statt Eierkuchen, Reiberdatschi statt Kartoffelpuffer, Semmel statt Schrippe, pfundig, servus, pfüat di Gott ... Hilfe!

Hin und wieder gab es so richtig krasse Missverständnisse. Wie im (Mini-)Supermarkt. Mit zwei Teilen in der Hand reihte ich mich in die Schlange an der Kasse ein, als sich eine ältere Dame zu mir umdrehte und fragte:

»Pressiert's Eana?«

»Wie bitte?«, hakte ich nach.

»Pressiert's Eana?«, fragte sie wieder, diesmal etliche Dezibel lauter.

Jetzt beobachtete jeder im Laden die Szene. Was war das peinlich! Sollte ich raten, lächeln, mich bedanken, die Schultern zucken? Keine Ahnung!

»Ha-ben Sie es ei-lig?«, übersetzte da die Kassiererin. Hastig schüttelte ich den Kopf und bedankte mich, während alle Anwesenden lachten. Die Dame hatte einfach nur freundlich sein und mich vorlassen wollen. In meinen Ohren hätten die zwei Worte jedoch *alles* bedeuten können.

Und sonst? Wo war der Lärm, der Geruch der Großstadt? Ich

fühlte mich fremd und vermisste Berlin, diese Multikultistadt, in der man sich schon gewaltig anstrengen musste, um aufzufallen.

War ich mit Dominic unterwegs, stellte er mich überall als Randa, die palästinensische Jordanierin, vor.

»Warum sagst du denn ständig, ich wäre eine palästinensische Jordanierin?«, fragte ich eines Tages. »Ick bin doch aus Berlin.«

»Ja mei«, druckste er herum. »D' Preißn hom halt ned so a guade Stellung bei uns in Bayern. Des liagt scho a bisserl zruck, aber trotzdem ...«

Ich musste lachen. »Echt jetzt?«

»Ich verkauf dich halt lieber als meine jordanische Prinzessin statt als Preußin«, säuselte er und drückte mich an sich.

Die Sache mit der jordanischen Prinzessin war eine wirklich magische Story. Einige Jahre, bevor Dominic nach Berlin zog, war das jordanische Königspaar in München zu Besuch. Während der bayerische Ministerpräsident den König herumführte, unterhielt sich Königin Rania mit den Kellnern, die sie bewirteten. Unter ihnen war auch Dominic! Sie war so nahbar und herzlich, dass er im Anschluss an die Begegnung zu seiner Mutter sagte: »Ich bin ja so was von begeistert von dieser Frau. Ich wünsche mir, irgendwann eine jordanische Prinzessin zu treffen und zu heiraten.«

Als er dann mich kennenlernte, mich irgendwann nach meinen Wurzeln fragte und ich ihm sagte, dass ich palästinensische Jordanierin sei, fiel ihm doch tatsächlich die Kinnlade herunter. »Oh mein Gott. Ich glaub, ich muss dir eine Story dazu erzählen ...«

Erfolgreich zu sein, setzt zwei Dinge voraus:
klare Ziele und den brennenden Wunsch,
sie zu erreichen.

Ziele und Visionen

Schon als kleines Kind habe ich mir regelmäßig Ziele gesetzt und immer wieder die Erfahrung gemacht, dass ich sie erreichen kann, wenn ich fest daran glaube und alles dafür tue. Wie die Sache mit dem Fahrradfahren. Oder mit dem Auswendiglernen des Textes, den wir vorlesen mussten. Ich bin sehr dankbar für meine Hartnäckigkeit. Dafür, dass ich, als ich immer leiser, immer schüchterner wurde, trotzdem nicht aufgegeben habe. Auch Kinder entwickeln Depressionen, werden von der Schwere, die auf ihnen lastet, traurig und träge, geben sich auf. Oder sie werden wütend und fühlen sich wie Ausgestoßene.

Um ein Ziel im Leben zu erreichen, müssen wir an irgendeinem Punkt die bewusste Entscheidung treffen, entsprechend zu handeln. Jede noch so tolle Vision, die wir haben, bleibt ansonsten ein Phantasiegebilde. Warum aber fällt es uns manchmal so schwer, aktiv zu werden? Für uns selbst einzustehen, uns etwas Gutes zu tun?

Wenn wir uns auf den Weg machen, unsere Ziele zu verwirklichen, begegnen uns eine Menge Hindernisse. Und es sind nicht bloß die Gewohnheiten, die uns immer wieder zurückwerfen. Unser mieser Verräter macht sich einen Spaß daraus, uns ein Bein zu stellen. An jeder Wegbiegung warten unsere Unsicherheiten auf uns, die inneren Überzeugungen, nicht gut genug zu sein, etwas nicht zu verdienen, und unsere Angst vor dem Scheitern.

Wir alle waren schon an diesem Punkt, sind vom Weg abgekommen und haben ein Ziel in den Wind geschossen.

Was mir in solchen Situationen hilft, hartnäckig zu bleiben, ist mein Vision Board: eine Pinnwand voll mit all den Dingen, die ich erreichen möchte und die in meiner Vorstellung lebendig sind. Diese Vision zeigt mir nicht nur, was ich im Leben gewinnen möchte. Sie zeigt mir auch, was ich alles verlieren würde, wenn ich den einfachen Weg wählen und aufgeben würde.

Mit diesem Life Hack kann ich mich allen Hindernissen zum Trotz dafür entscheiden, weiter auf mein Ziel hinzuarbeiten. Weil es das ist, was ich wirklich im Leben erreichen will. Was mich glücklich macht.

Übung

Was du brauchst:
Eine Pinnwand oder ein Stück Pappe
Bunte Magazine und Fotos
Eine Schere, Papier, Filzstifte, Kleber, Pinnnadeln …
… und deine Phantasie

Frage dich, was du dir wünschst, um glücklich zu sein. Dann stell es dir lebhaft vor, wie es sich anfühlt, wenn du es bereits erreicht hast.
Male Symbole wie ein Herz für die Liebe, die du gefunden hast. Blättere durch Magazine oder Bildergalerien und wähle die Motive, die deinem Ziel so nah wie möglich kommen: eine Familie, Freunde, ein schönes, harmonisches Umfeld, Reiseziele, ein Arbeitsplatz, an dem du dich entfalten kannst …
Schneide nun die Bilder aus und füge sie auf deiner Pinnwand zu einer Collage zusammen: deinem Vision Board.
Beschäftige dich täglich mit deinen Zielen und Visionen. Du kannst sie jederzeit anpassen. In deiner Vorstellung hast du sie bereits erreicht.
Und jetzt handle danach.

Dominic heiratete also tatsächlich seine jordanische Prinzessin. Jedenfalls fühlte ich mich so, als wir uns im April 2007 das Ja-Wort gaben: wie in einem Märchen aus Tausendundeine Nacht.

Es war die erste von vier Hochzeiten, die wir feierten – bis jetzt!

KAPITEL 6

Angst

Nach unserer Hochzeit zog ich bei Dominic ein. Gemeinsam hatten wir seine Berliner Zweizimmerwohnung renoviert und uns eine kleine kuschelige Oase geschaffen. Anfangs war es so ungewohnt für mich, nicht mehr zu Hause bei meinen Eltern zu leben. Ich vermisste das Essen meiner Mutter, die Couchgespräche. Dominic aber ließ mich jeden einzelnen Tag spüren, wie sehr er mich liebte. Über zwei Jahre hatte es gedauert, bis wir zusammenlebten. Jetzt fühlte ich mich, als würde ich träumen, so unsagbar glücklich war ich. Wir arbeiteten beide viel, doch in unserer Freizeit lebten wir den ganz normalen Pärchenwahnsinn: Wir kochten gemeinsam, gingen ins Kino und auf Konzerte, trafen Freunde und feierten, genossen unser Glück.

Tief unten im Keller meines Bewusstseins brummte der miese Verräter vor sich hin. Statt endlich mal anzuerkennen, dass er sich geirrt und ich, Randa, wirklich die große, große Liebe gefunden hatte, klettete er sich an mich und ließ immer mal wieder, wenn es gerade so richtig schön war und ich mich fallen lassen wollte, eine gemeine Spitze los: »So jemanden hast du doch gar nicht verdient.«

Mir ging es wie den meisten von uns: Ich hinterfragte den

inneren Kritiker nicht, sondern ich hinterfragte mich selbst. Sammelte meine Selbstzweifel und ließ zu, dass sie meine Ängste schürten.

Als kleines Mädchen war ich ziemlich unerschrocken gewesen. Und doch hatte die Angst mich täglich begleitet. Hunde auf derselben Straßenseite? Das ging gar nicht. Eine Kissenschlacht? Dabei kann man sich die Augen verletzen und blind werden. Grimassen schneiden, schielen? Da bleiben die Augen stehen!

1992

Draußen regnet es ohne Ende. Mama will, dass wir drinnen spielen, damit wir nicht krank werden. Mein kleiner Bruder und ich toben über die Couch. Mama schüttelt bloß den Kopf. »Passt auf, dass ihr euch nicht weh tut!«

»Machen wir!«, rufe ich.

Irgendwann wird uns langweilig. Aber ich habe eine neue Idee.

»Häng dich oben an die Tür!«, sage ich zu Basim und mache eine Räuberleiter, damit er drankommt. »Mit beiden Händen.«

Sobald er runterhängt, bewege ich die Tür hin und her, immer schneller und schneller. Er muss so lachen, dass er fast loslässt.

Da kommt Mama angelaufen.

»Was macht ihr denn da?!«, ruft sie aufgeregt. »Wisst ihr denn nicht, was passieren kann, wenn ihr euch mit eurem ganzen Gewicht an die Tür hängt? Da kann der Herzmuskel reißen! Das ist gefährlich!«

Mit einem Plumps landet Basim neben mir auf dem Boden. Wir sehen uns erschrocken an. Das habe ich nicht gewusst. Zum Glück ist nichts passiert!

Auf ihrer Flucht hatte meine Mutter Todesangst ausgestanden – die existenziellste aller Ängste. Sie hatte sich bis in ihre Zellen eingebrannt, so wie Traumata das tun. Als sie schließlich in Sicherheit war, verließ diese Angst sie trotzdem nicht mehr. Sie fächerte sich auf in tausend kleinere Ängste, die sich schleichend auf mich übertrugen.

Doch meine Mama hatte ein Gegenmittel: die Blase, die sie zu Hause aus Liebe geschaffen hatte, die uns Sicherheit versprach und uns alle mit Wärme umhüllte.

Dominic schenkte mir eine Geborgenheit, von der ich nicht geahnt hatte, dass es sie außerhalb meiner Familie geben könnte. Meine Sehnsucht, mit ihm zusammenzukommen, war so groß gewesen. Ähnlich groß war nun meine Angst, ihn zu verlieren. Das machte den miesen Verräter so richtig kreativ.

It happens for you

Jeden neuen Tag gemeinsam zu beginnen und zu beenden, das war ein Stück vom Paradies. Natürlich zogen hin und wieder auch Wölkchen auf. Ich war eine große Familie gewöhnt, Dominic hatte eine ganze Weile allein gelebt. Neben all den wundervollen Momenten der Zweisamkeit mussten wir uns aneinander gewöhnen. Da war ich mit meinem penibeln Ordnungssinn – mein Auto mal ausgenommen –, und da war Dominic mit seiner Art, die Dinge, die er rumfliegen ließ, gar nicht wahrzunehmen – sein Auto mal ausgenommen. Da war meine Mode-Affinität, die sich in einem ganzen Haufen Klamotten und Unmengen von Schuhen manifestierte, und da war unser kleiner Kleiderschrank, in dem Dominic um den Platz für seine Hemden kämpfen musste. Lauter Dinge, die sich, wie ich gestehen muss, bis heute nicht geändert haben …

Wir wohnten gerade mal ein halbes Jahr zusammen, als wir unsanft aus unserer Wohnung vertrieben wurden: Bei uns wurde eingebrochen, während ich unter der Dusche stand. Eine schreckliche Erfahrung! Wir fühlten uns in unseren vier Wänden nicht mehr sicher, wollten nur noch weg von dort. Als hätte das Universum es gut mit uns gemeint, fanden wir innerhalb von sieben Tagen eine schöne Dreizimmerwohnung in Berlin-Charlottenburg. Kurz entschlossen ließen wir die schlechte Erfahrung hinter uns und schufen uns ein neues Nest.

Inzwischen hatte ich eine Stelle in einem anderen Fitnessstudio angenommen, in dem ich mich viel wohler fühlte. Leider musste das Studio schon bald Personal reduzieren, und so konzentrierte ich mich ganz auf die Promotion-Jobs, die ich nebenberuflich gemacht hatte. Ich arbeitete auf Messen, im Stadion, auf Events und kellnerte.

Auch bei Dominic bahnten sich berufliche Veränderungen an. Das war nicht leicht für ihn, denn plötzlich stand er ohne Verdienst da. Das machte ihn nervös. Dominic war eben traditionell erzogen worden und wollte für mich sorgen – obwohl ich doch selbst Geld verdiente. Wann immer er die Verantwortung, die er sich selbst auferlegt hatte, nicht erfüllen konnte, stürzte ihn das in eine Krise. Dann begann er alles zu hinterfragen: sich selbst, das Leben, unser Leben – uns. Es waren Phasen, in denen ich mich ganz schrecklich fühlte, denn ich wurde mit meiner größten Verlustangst konfrontiert. Das Worst-Case-Szenario, vor dem ich mich die ganze Zeit gefürchtet hatte, drohte über uns hereinzubrechen. »Hab ich dir ja gleich gesagt«, ätzte der miese Verräter. »Nur 'ne Frage der Zeit, bis er was Besseres findet. Mach dich schon mal drauf gefasst.« Lauter Fragen stürmten auf mich ein. Was konnte ich bloß tun, was musste ich besser hinkriegen? Mein Herz fühlte sich wund an, mein Körper so schwer, ich fühlte eine unglaubliche Erschöpfung.

Zum Glück dauerte unsere Krise nicht lange, und wir überwanden dank unserer Liebe zueinander den Tiefpunkt. Aber dieses Gefühl, dass er mir entgleiten könnte, hinterließ Spuren. Geborgenheit ist so viel mehr als physische Nähe. Sie geht einher mit dem Wissen, so angenommen zu werden, wie man ist. Mit all seinen Schwächen. Und Schwächen hatte ich ja mehr als genug, wie der miese Verräter nicht müde wurde, zu betonen.

Heute weiß ich, dass diese Phasen etwas ganz Normales sind und in jeder Beziehung auftauchen. Dass sie Dominic und mich noch stärker zusammengeschweißt haben, als ich ahnen konnte. Heute weiß ich auch, dass ich lernen musste, die Selbstzweifel und die Verlassenheitsängste loszulassen und mich dem Fluss des Lebens hinzugeben.

Loslassen, auch zulassen, setzt Vertrauen voraus: in sich, in den Partner, die Partnerin, in das Leben selbst. Meine Lernaufgabe lautete, darauf zu vertrauen, dass unsere Liebe die Hindernisse überwinden würde. Als harmoniesüchtiger Mensch musste ich dafür erst einmal begreifen, dass hinter den dunklen Wolken, die hin und wieder aufzogen, doch immer die Sonne schien. So wie eben auch unsere Liebe nicht verschwand, nur weil sie kurzfristig von Alltagssorgen verdeckt wurde.

Nach und nach akzeptierten mich Dominics Eltern. Und ich war dankbar, vieles von ihrer Kultur so hautnah miterleben zu dürfen. Weihnachten wurde jedes Jahr zelebriert, richtig verzaubert fühlte ich mich unter dem großen Weihnachtsbaum, im Licht all der Kerzen und mit dem Duft von Harz in der

Nase. Und diese Magie ist es ja, die der Glaube uns bescheren kann. Er erinnert uns an unsere zutiefst menschlichen Werte. Die Liebe zueinander, das Mitgefühl, auch Hoffnung. Und er schafft mit seinen Ritualen eine magische Atmosphäre. Ob es die Tabla meiner Mutter war und ein altes jordanisches Lied oder ein Weihnachtslied in der Wohnung meiner Schwiegermutter, es brachte eine tiefe Saite in mir zum Klingen.

Dominic hatte zwischenzeitlich in die Eventbranche gewechselt. Was wir gemeinsam verdienten, reichte zum Leben, doch noch waren wir nicht in der Lage zu sparen. Wir arbeiteten oft zusammen und machten die Nacht zum Tag. Es war eine lebendige Zeit, in der wir einiges auf die Beine stellten. Gegen drei oder vier am Morgen kamen wir nach Hause, mit qualmenden Füßen, völlig übermüdet und zugleich aufgedreht von unserer Schicht. Meist konnten wir nicht schlafen und gingen erst mal einkaufen in einem Supermarkt am Bahnhof Zoo, der die Nacht über geöffnet hatte. Dort trafen wir immer dieselben Leute: Partygänger und Nachtschwärmer, Kellnerinnen wie ich, die weißen Blusen schon leicht zerknittert, die Schminke verschmiert. Dann die Pflegekräfte auf dem Weg in einen anstrengenden Tag und andere Frühaufsteher mit verkniffenen Mienen, die offensichtlich nicht viel Gutes von ihrem Arbeitstag erwarteten. Zu Hause kochten Dominic und ich, kamen langsam runter und fielen irgendwann ins Bett, während die Sonne schien und das Leben um uns herum pulsierte. Das kostete Kraft. Mein Körper geriet völlig aus dem Gleichgewicht.

Dominic arbeitete extrem hart, und statt auf meinen Körper zu hören, wollte ich mich seinem Tempo anpassen. In der

Zeit war ich ständig müde und erschöpft, doch ich zwang mich dazu, nicht schlappzumachen. Es dauerte nicht lange, und ich bekam die Quittung. Nachdem ich bei einer Mittelohrentzündung falsch behandelt worden war, breitete sich die Entzündung bis in meine Gelenke aus, und ich hatte starke rheumatische Schmerzen. Plötzlich ging gar nichts mehr. Der Arzt verschrieb mir Cortison, das half. Doch ich war total aufgedunsen und kraftlos. Um körperlich wieder ins Gleichgewicht zu kommen, machte ich eine Entgiftung. Ich aß basisch, hörte endlich auf zu rauchen und setzte die Pille ab.

Eines Morgens saß ich auf der Bettkante und hatte so ein seltsames Gefühl. Ich spürte in mich hinein, legte eine Hand auf meinen Bauch. War ich schwanger? Ich rechnete nach. Eigentlich konnte das nicht sein. Und überhaupt, in der zweiten, dritten Woche spürte man doch noch nichts. Oder?

Ich schob den Gedanken beiseite, aber das Gefühl holte mich immer wieder ein. Schließlich machte ich einen Test – er war negativ. Haste dir mal wieder was eingebildet, sagte ich zu mir und konzentrierte mich auf die Arbeit.

Zwei Wochen später ging ich zu einer Frauenärztin zur jährlichen Kontrolle. Sie machte einen Ultraschall – und lächelte mich an. »Ja, was sehe ich denn da?! Herzlichen Glückwunsch, Sie sind schwanger!«

Ich war völlig perplex. Als ich aus dem Behandlungszimmer trat, wartete Dominic auf mich. Er legte die Zeitung beiseite, in der er gelesen hatte, sah mich an – und wusste Bescheid. Im nächsten Moment schloss er mich in die Arme und sagte: »Das schaffen wir.«

Dieses Gefühl war so stark: das Baby in meinem Bauch, Dominic an meiner Seite und das Glück, gemeinsam in eine neue Phase des Lebens zu treten.

»Wir sagen's noch niemandem«, meinte Dominic, schließlich war ich erst in der sechsten, siebten Woche. Kaum saßen wir im Auto, hielt er es nicht mehr aus, rief seine Mutter an, seinen Vater, seinen besten Freund. Das hatte ja mal gut geklappt mit dem Vorhaben, die große Neuigkeit für uns zu behalten! Aber auch ich war viel zu aufgeregt und erzählte es als Erstes meiner Mama. Sie war völlig aus dem Häuschen.

Die Schwangerschaft war ziemlich durchwachsen, denn unser Baby hatte schon jetzt seinen eigenen Willen. Es wollte sich partout nicht in die Fötusstellung begeben, sondern stand in meinem Bauch. Regelmäßig stieß es mit dem Kopf gegen meinen Magen und turnte auf meiner Blase herum. Ich konnte kaum Essen bei mir behalten. Doch das war nichts gegen das Glück, das uns durchflutete, als unsere Tochter geboren wurde.

Ein Kind zur Welt zu bringen ist so ein essenzielles Gefühl. Pures Leben. Ich musste an meine Mutter denken, die mich geboren hatte. Und ich dachte an meine Großmutter. Sie hatte den jüngeren Bruder meiner Mutter mitten im Krieg zur Welt gebracht. Als damals ihre Wehen einsetzten, fielen die Bomben. Meine Mutter, selbst noch ein Kind, eilte umher, um heißes Wasser und saubere Tücher aufzutreiben. Meine Oma gebar ihren Sohn im Keller, während das Haus über ihr von einer Bombe getroffen wurde. Welche Angst sie um ihr Neugeborenes gehabt haben musste! Leben und Zerstörung, sie liegen manchmal so dicht beieinander.

Ich war so dankbar, dass meine kleine Tochter und ich in Sicherheit waren, als die Geburt einsetzte. Wegen ihrer Fehllage kam sie per Kaiserschnitt zur Welt. Am dritten Tag beschloss ich, mich selbst aus dem Krankenhaus zu entlassen. Ich sehnte mich nach unserem Zuhause, dem Nest, das wir für unser Baby geschaffen hatten. Während ich auf Dominic wartete, kam plötzlich die Kinderärztin in mein Zimmer gelaufen, das Telefon am Ohr.

»Ich kann jetzt nicht sprechen, wir haben hier einen Notfall«, rief sie ins Handy. Dann warf sie einen Blick ins Kinderbettchen, sagte, die Schwestern würden mir alles erklären, sie müsse sofort auf die Intensivstation. Schon schnappte sie sich mein Kind und rannte los.

Etwas in mir erstarrte vor Angst. Ich wollte hinterher, doch mit meiner langen Narbe war ich nicht so schnell auf den Beinen. Schließlich erfuhr ich, was geschehen war: Während des Kaiserschnitts war die Plazenta versehentlich mit dem Skalpell angeritzt worden, was zu einer starken Blutung geführt hatte. Unser Baby hatte immens viel Blut verloren, hatte nicht genug rote Blutkörperchen und war anämisch. Die Angst um mein Kind saß mir im Nacken. In dieser Sekunde begriff ich, was es bedeutet, Mutter zu sein. Und ich ahnte, dass mich diese Angst nie ganz loslassen würde.

Viele Eltern spüren schon während der Schwangerschaft, wie unsicher das Leben ist: dann nämlich, wenn sie ihr Kind verlieren. Dominic und ich hatten solches Glück. Unsere Tochter war eine echte Kämpferin. Nach einigen Tagen hatte sie sich so weit erholt, dass wir sie endlich mit nach Hause nehmen durften.

Seitdem wir erfahren hatten, dass wir Eltern wurden, war unser Baby für Dominic und mich »der glücklichste Zufall, den es geben konnte«. Und so erlebten wir eine innige Zeit zu dritt. Als unsere Tochter zwanzig Monate alt war, beschloss ich, Dominic zu unserem Jahrestag mit einem Wochenende in Hamburg zu überraschen. Meine Schwiegermutter, die sich als wunderbare Oma entpuppte, kam nach Berlin, während wir uns zu zweit auf den Weg machten. In Hamburg herrschten Minusgrade, doch wir packten uns warm ein, erkundeten die Stadt zu Fuß und ließen uns den Wind um die Nase wehen. Es wurde ein unglaublich romantisches Wochenende. Die Zeit verging so schnell, doch wir freuten uns auf unsere Kleine.

Als wir tags darauf meine Schwiegermutter zum Flughafen fuhren, verhielt Dominic sich plötzlich anders als sonst. Er wirkte nervös, und das wiederum machte mich ganz kirre. »Was ist denn?«, wollte ich wissen. »Was hast du denn?« Er hatte kurz vor unserer Abfahrt telefoniert, seitdem war er so komisch. »Jetzt sag schon, was los ist«, drängte ich.

»Dein Bruder hat angerufen«, meinte er schließlich und schluckte. »Dein Vater hatte einen Herzinfarkt. Ich fahr dich gleich in die Klinik.«

Ich war im Schock. Versuchte zu begreifen, was ich gerade gehört hatte. Und als ich es begriff, setzte die Angst ein. Mein Herz zog sich zusammen, mir wurde eiskalt, ich fing an zu zittern. Ich wollte raus aus dem Auto, sofort, wollte auf der Stelle zu meinem Vater. Kaum hatten wir Dominics Mutter am Flughafen abgesetzt, ging es auch schon in die Klinik.

An der Information erfuhr ich, dass er gerade operiert wurde, und rannte durch den Korridor zu den OP-Sälen. Schon von weitem sah ich meine Mutter und meine Geschwister. Wir starrten uns an und konnten einfach nicht begreifen, was passiert war. Unser Vater war stark wie ein Baum, unerschütterlich, unser Held. Er kannte noch nicht mal Kopfschmerzen. Und jetzt?

Nach einer ganzen Weile kam ein Arzt zu uns und teilte uns mit, dass es sehr schlecht um meinen Vater stünde und dass die

Operation noch einige Stunden dauern würde. Er versicherte uns, dass sie alles tun würden, was in ihrer Macht lag.

Zwanzig Prozent – so gering war die Überlebenschance meines Vaters. Von hundert Menschen in seiner Situation würden nur zwanzig überleben, von zehn gerade mal zwei. Meine Gedanken drehten sich im Kreis, ich fühlte mich gefangen in einer Realität, die ich nicht ertrug. Das Warten war kaum auszuhalten. Aber Warten war auch Hoffnung, mahnte ich mich.

Meine Mutter war dem Zusammenbruch nahe. So hatte ich sie noch nie erlebt. Sie war voller Panik, dass er sterben könnte: die Liebe ihres Lebens, der sie nach Deutschland gefolgt war.

Ich wusste, dass sie auch an ihren Vater dachte. Neunzehn Jahre alt war sie, als sie in der Küche stand und für ihre Geschwister kochte. Das Radio lief, es kamen die Nachrichten. Es hatte einen Unfall gegeben auf der Strecke in den Irak, ein Lastwagen. Der Fahrer hatte schwer verletzt überlebt, für den Beifahrer aber war alle Hilfe zu spät gekommen. Meine Mutter spürte damals sofort, dass es sich bei dem Toten um ihren Vater handelte.

Mein Opa war Lastwagenfahrer gewesen. Auf einer Fahrt war ein Reifen geplatzt, er hatte ihn abmontiert und am Straßenrand gewartet, dass ihn jemand mit in die nächste Stadt nahm. Es war eine Unglücksfahrt geworden ...

Wenn Mama uns Kindern davon erzählt hatte, war ich immer traurig gewesen. Ich hätte meinen Opa so gern kennengelernt. Und jetzt ... jetzt war ich die Tochter, die um das Leben ihres Vaters bangte.

Die Zeit verging zäh. Es gab nicht genug Sitzplätze, irgendwann saßen wir völlig erschöpft am Boden. Nach sieben Stunden öffnete sich die OP-Tür. Mein Herz raste, ich versuchte, in der Miene des Arztes zu lesen. Er machte uns wenig Hoffnung.

Nur meine Mutter und ich durften zu meinem Vater und das auch nur kurz.

Auf der Intensivstation reihten sich die Betten der Frischoperierten aneinander. In einem von ihnen lag mein Vater, umgeben von lauter piepsenden Geräten, die Haut ganz fahl, fast gelb. Er sah aus, als wiche das Leben aus ihm.

Vorsichtig nahmen wir seine Hand, weinten. Kurz öffnete er die Augen, sah uns. Doch er konnte nicht sprechen, in seinem Mund steckte ein Schlauch. Wir versicherten ihm, wie sehr wir ihn liebten, dann mussten wir auch schon wieder gehen, damit wir ihn nicht überanstrengten. Tausend Stunden hätten nicht gereicht, ihm zu sagen, was er mir bedeutete, und doch tat es ein Blick.

Ich konnte den Gedanken, dass er sterben könnte und ich ihn niemals wiedersehen würde, nicht verkraften. Dieses Ausgeliefertsein! Warten, warten, warten ... es zerrte an meinen Nerven. Etwas in mir drohte zu zerbrechen.

Eben noch war ich so glücklich und verliebt gewesen. Doch nichts war sicher in diesem Leben. Noch nie hatte ich derart klar gespürt, dass man das Leben nicht festhalten kann. Dass es endlich ist. Und dass das Ende buchstäblich jeden Moment eintreffen kann.

Mein Vater erholte sich nur langsam. Kaum, dass er extubiert war und sprechen konnte, bat er mich – noch auf der Intensivstation, noch längst nicht über den Berg –, seine Kunden anzurufen, ihnen die Situation zu erklären und ihnen zu versichern, dass ihre Aufträge zu ihrer vollsten Zufriedenheit abgewickelt werden würden. Sogar in diesem Zustand dachte er an seine Arbeit und wollte um jeden Preis vermeiden, dass seine Kunden enttäuscht würden.

Ich übernahm die Telefonate, ich lieferte die Ware aus. Ich

kümmerte mich um den ganzen Bürokratiekram, die Versicherungen, um meine Mutter, und zu Hause warteten meine Tochter und Dominic auf mich. Während mein Vater langsam wieder zu Kräften kam, vergaß ich völlig, dass ich auch Bedürfnisse hatte, Ruhe brauchte, Schlaf. Nachts lag ich wach, grübelte und versuchte, meine Verlustangst in den Griff zu bekommen. Ich hatte Herzklopfen, spürte, wie mein Brustkorb enger und enger wurde, bis das Atmen eine einzige Anstrengung war. Hektisch sog ich die Luft ein, mir wurde schwindlig, ich begann zu zittern. War ich etwa auch krank?

Ich tat die Gefühle ab, mein Papa war schließlich derjenige, der einen Herzinfarkt gehabt hatte. Was stellte ich mich bloß so an?

Die Ärzte auf der Station, auf der mein Vater lag, klangen zunehmend optimistisch. Wenn ich ihn ansah, merkte ich jedoch, dass er längst nicht der Alte war und es vielleicht auch nie wieder sein würde. Als Kind hatte er die brutalen Schusswunden überlebt, jetzt den Herzinfarkt. Doch die Zeit, in der ich, Papas kleines Mädchen, ihn für unbesiegbar gehalten hatte, war unwiderruflich vorbei.

Jeder, der seine Eltern liebt und wie ich das Glück einer geborgenen Kindheit hatte, kennt die Angst vor dem Tag, an dem sie nicht mehr da sein werden. Da spielt es kaum eine Rolle, wie alt man ist und ob man selbst schon eine Familie hat. Mit dem Tod eines Elternteils droht immer auch ein Stück Geborgenheit zu sterben, ein Stück Familie, und mit ihr ein Teil der eigenen Geschichte. Eben noch sind da lauter Erinnerungen, die einen verbinden, und im nächsten Moment kann man der Einzige sein, der sie hochhält, sie bewahrt, bis sie eines Tages verblassen. Und dann? Was bleibt dann übrig?

PANIK – OFT UNERKANNT

Wer das erste Mal eine Panikattacke erlebt, kann sie oft nicht einordnen und hat möglicherweise das Gefühl, einen Herzinfarkt zu erleiden oder gar zu sterben.

Jede Pankattacke fühlt sich anders an. Typisch sind eines oder mehrere der folgenden Symptome:

- Herzrasen oder starkes Herzklopfen
- Engegefühl in der Brust
- Atemprobleme
- Schwitzen oder Schüttelfrost
- Zittern, Kribbeln, Taubheitsgefühle
- Schwindel, Desorientierung, Benommenheit
- Schwächegefühl
- Übelkeit
- Angst, die Kontrolle zu verlieren

Häufig hyperventiliert man während einer Panikattacke, das heißt, man atmet immer schneller und auch tief. Geschieht dies über Minuten, gerät der Säure-Basen-Haushalt im Blut aus dem Gleichgewicht, der Kalziumspiegel sinkt. Die Folgen: Kribbeln in den Fingern bis hin zu Krämpfen, Taubheitsgefühle, Sehstörungen und ein schneller Puls. All dies sind Anzeichen, die noch mehr Angst machen. Taubheitsgefühle im Mund und in der Zunge können sogar den Eindruck erwecken, man sei am Ersticken.

Hierbei kann die 4-7-8-Atemtechnik helfen, da sich

durch die verlängerte Ausatmungsphase die Sauerstoffzufuhr normalisiert. Die Kontrolle über die Atmung wird wiederhergestellt, und der Körper findet zurück in sein Gleichgewicht.

Anmerkung: Es ist ganz wichtig, die Symptome von einem Arzt oder einer Ärztin abklären zu lassen. Findet sich keine physische Ursache, sollte man psychosomatische Beschwerden in Betracht ziehen und sie mit einer Therapeutin oder einem Therapeuten besprechen.

Ich war noch mal davongekommen, mein Vater hatte es tatsächlich geschafft zu überleben. Ich war so froh, doch jetzt teilte ich mein Leben mit der Angst, die im Hintergrund lauerte. Der miese Verräter hatte neue Nahrung bekommen. Ich beobachtete meinen Vater nicht nur, ich observierte ihn. Eine Unsicherheit in seinem Gang, ein Nach-Luft-Schnappen nach ein paar Treppenstufen: Eine Winzigkeit genügte, und alles war wieder da. Der drohende Verlust, der Schrecken. Der Abgrund.

Vielleicht reagierte ich über. Ich riss mich zusammen, drängte die Gedanken beiseite, versuchte mich aufzuraffen, lenkte mich ab. Doch die Belastung zehrte an mir.

Eines Nachmittags besuchte ich mit meiner Mutter ihre Freundin. Natürlich war meine Tochter auch dabei. Wir spielten zusammen, ich hob sie hoch in die Luft – und spürte plötzlich, wie mein Gesicht taub wurde. Schnell setzte ich meine Tochter ab und lief ins Bad. Meine linke Gesichtshälfte hing herab, ich war nicht in der Lage, sie zu bewegen. Da stand ich und starrte in den Spiegel. Vielleicht ist ja ein Nerv eingeklemmt, sagte ich mir und wartete ab, statt gleich zum Arzt zu gehen. Am nächsten Tag stellte der Neurologe fest, dass ich einen leichten Schlaganfall gehabt hatte. Mit sechsundzwanzig Jahren! Drei Wochen später waren die äußeren Symptome verschwunden.

Der Schlaganfall hätte mich aufwecken und dazu anhalten sollen, mich um mich selbst zu kümmern und mich meinen Ängsten zu stellen. Mein Vater war nicht länger in Gefahr, ich hätte allen Grund zur Freude gehabt, dass er sich so gut erholte. Doch Angst muss keiner Logik folgen. Wir alle haben eine Grundangst in uns, ein immens starkes Gefühl, das uns vor Gefahren warnt. Situationen, die unsere Existenz bedrohen, meistern wir wegen unserer Angst: Wir gehen in Deckung, verstecken uns, wir laufen fort oder gehen zum Angriff über. Ohne Angst hätten wir als Menschheit kaum überleben können.

Haben wir selbst eine traumatische Erfahrung gemacht, wie durch Gewalt, Übergriffe oder Verluste, kann die Angst übermächtig werden. Plötzlich erscheinen uns auch Dinge als bedrohlich, die uns doch gar nichts tun. Aber da kann der Verstand nicht mehr unterscheiden. Die kleine Spinne, ein enger Raum, ein weiter Platz ... Manche Menschen werden durch ihre Angst so eingeschränkt, dass sie kein normales Leben mehr führen können. Sie meiden alles, was Angst auslösen könnte. Dann wird die Angst zum Selbstläufer und bestimmt über ein Leben.

Und wenn Angst sich zur Panik ausweitet, dann kann es sich anfühlen, als würde man sterben.

So ging es mir damals. Wie viele Betroffene wusste ich nicht mal, dass ich Panikattacken hatte. Stattdessen war ich überzeugt, dass ich schwer krank sein müsste. Dass mein Herz krampfen würde. Denn genauso fühlte es sich an, wenn ich nachts dalag, mein Puls raste und ein scharfer Schmerz durch mein Herz zuckte. Und Dominic lag neben mir und hatte Angst, mich zu verlieren.

Die Angst verhindert nicht den Tod,
sie verhindert das Leben.

Nagib Mahfuz

Life Hack: Der kontrollierte Atem

Während das vegetative Nervensystem dafür sorgt, dass unsere Atmung unwillkürlich abläuft und wir selbst im Schlaf lebensnotwendigen Sauerstoff ein- und Kohlendioxid als Abfallprodukt unseres Stoffwechsels ausatmen, können wir den Vorgang auch bewusst steuern. Kontrolliertes Atmen ist ein echter Life Hack: Indem wir nämlich die Ausatmungsphase verlängern, sorgen wir dafür, dass unser System runterfährt und wir uns tief entspannen.

Die folgende Übung hat mir in meinen schwersten Momenten geholfen, wieder in mich hineinzufinden. Ich praktiziere sie noch heute täglich mindestens fünf Minuten lang, um runterzukommen, den Stress loszulassen und für ein Gleichgewicht zwischen Körper, Geist und Seele zu sorgen.

Übung

Setz dich aufrecht hin oder lege dich hin.

Atme langsam durch die Nase ein und zähle bis 4:1–2–3–4.
Halte nun den Atem an und zähle dabei bis 7:1–2–3–4–5–6–7.
Nun atme ganz langsam durch den Mund wieder aus und zähle dabei bis 8: 1–2–3–4–5–6–7–8.
Atme in diesem Rhythmus für insgesamt fünf Minuten und spüre, wie du dabei immer tiefer loslässt.

It *happens for you* – Alles geschieht für dich, davon bin ich überzeugt, und so lautet auch eine meiner Affirmationen. Wenn ich heute zurückblicke, weiß ich, dass diese Phase meines Lebens, in der die Ängste sich anschlichen und immer öfter die Kontrolle über mein Leben übernahmen, mich letztlich ganz stark zu mir selbst geführt hat. Ich würde diese Zeit, so schwer sie war, nicht missen wollen. Sie hat mich geprägt, mir gezeigt, was wirklich wichtig ist im Leben. Sie hat mich auch stärker gemacht. Nicht gleich, aber in den Jahren danach.

Damals aber fühlte ich mich bedroht und ausgeliefert … doch es war erst der Anfang.

KAPITEL 7

Im dunklen Schacht

Während mein Vater sich erholte, ging es mir physisch immer schlechter. Ich war verzweifelt, wollte die Zeit mit meinem Kind genießen, meine Mutter und auch Dominic unterstützen, der sieben Tage die Woche arbeitete, um uns finanziell über Wasser zu halten. Doch mein Körper ließ es nicht zu. Ich war völlig erschöpft, es fühlte sich an, als hätte jemand den Stecker gezogen. Ich hatte einfach keine Energie mehr.

Dazu kam der Schmerz.

Februar 2012

Ein scharfer Schmerz fährt mir in den Bauch, er dringt bis in meine Träume. Es fühlt sich an, als würde mich jemand erstechen. Ich reiße die Augen auf. Um mich herum ist es dunkel. Ich höre Dominics gleichmäßige Atemzüge neben mir. Der Schmerz hält an, ich kann nicht mehr denken, krümme mich zusammen. Mein Herz rast. Der Schmerz ist so scharf, dass ich das Gefühl habe, sterben zu müssen.

Es ist nicht das erste Mal, dass ich ihn fühle. Das ist schlimm.

Das Schlimmste aber ist: Der Arzt wird mir sagen, dass er nichts findet.

Wenn Ärzte keine eindeutige Diagnose stellen können, macht das hilflos. Man sucht verzweifelt nach einer Erklärung, warum es einem schlecht geht. Man hat Angst, Schmerzen, keine Kraft mehr für den Alltag und seinen Job. Dabei will man doch einfach nur aufstehen können, sich waschen, eine Kleinigkeit essen, den Müll rausbringen, lauter alltägliche Dinge tun, die zum Leben dazugehören. Doch man scheitert, Tag für Tag. Und das zermürbt einen.

Ohne Diagnose gibt es auch keine gezielte Behandlung. Keine Hoffnung, dass morgen oder nächste Woche alles wieder gut sein wird. Es gibt kein Mittel gegen die Angst, die sich in einem aufbaut, gegen den schrecklichen Gedanken, dass es nie wieder aufwärts gehen wird. Dass man nur noch ein Zaungast seines Lebens ist, ohne die Möglichkeit, es sich zurückzuholen.

Gefangen

Als ich das erste Mal starke Schmerzen im Bauch spürte, machte ich einen Termin bei meiner damaligen Hausärztin aus und schleppte mich hin. »Nehmen Sie eine Woche Ibuprofen, dann geht es Ihnen bestimmt besser«, sagte sie, nachdem sie mich kurz abgetastet hatte.

Brav schluckte ich die Tabletten, doch der Schmerz war hartnäckig, er blieb. Das machte mir Angst. Da stimmte doch etwas nicht.

Da der Schmerz sehr heftig und mit nichts zu vergleichen war, was ich bisher gespürt hatte, ging ich zu einem Internisten, um eine zweite Meinung einzuholen. Er machte einen Ultraschall, kniff die Brauen zusammen, während er auf den Bildschirm starrte, und sagte dann: »Ihre Milz ist stark vergrößert.«

Unsicher sah ich ihn an. »Was bedeutet das?«

»Wir machen erst ein paar Tests«, beschied er.

Ich war voller Sorge. Eine vergrößerte Milz konnte verschiedene Ursachen haben, eine Infektion, aber auch Leukämie. Das Warten auf die Ergebnisse der Blutuntersuchung und des CTs zerrte an meinen Nerven. Dominic war an meiner Seite, als der Arzt mir die Ergebnisse mitteilte.

»Mit der Milz ist alles in Ordnung, das hatte sich im Ultraschall anders dargestellt«, sagte er.

Dominic drückte erleichtert meine Hand, doch ich wurde nur noch unsicherer.

»Aber was fehlt mir denn dann?«, hakte ich nach.

Der Arzt zuckte die Schultern, murmelte etwas von »Dem Blutbild nach ist alles in Ordnung« und warf einen Blick auf die Uhr. Der nächste Patient wartete.

Fassungslos verließen wir die Praxis. »Lass uns besser eine weitere Meinung einholen«, meinte Dominic, der ja mitbekam, dass definitiv etwas nicht stimmte. Der nächste Arzt tippte auf Gallensteine, der vierte schloss Gallensteine aus und redete von einem Tumor. Der fünfte hielt einen Tumor für höchst unwahrscheinlich. Der sechste, siebte, achte wusste auch nicht weiter. Jede Diagnose fütterte mein Kopfkino und trat eine neue Welle an Ängsten in mir los. Es kostete immens viel Kraft, mich von Arzt zu Arzt zu schleppen. Und es war unfassbar enttäuschend, dass sie sich widersprachen und all die teuren Tests und Untersuchungen nichts, aber auch gar nichts brachten.

Zu meinen Bauchschmerzen hatten sich inzwischen Taubheitsgefühle im linken Arm hinzugesellt. Auf meinem Brustkorb lastete eine Schwere, so als hätte sich jemand mit seinem vollen Gewicht auf mich gesetzt und würde mir die Luft abdrücken. Ich war verzweifelt, weil es mir noch schlechter ging und es offenbar keine Aussicht auf Besserung gab. Die meiste Zeit lag ich im abgedunkelten Zimmer. Es waren düstere Stunden, in denen ich mich mehr und mehr gefangen fühlte. Dominic war voller Sorge. Meine Mutter setzte sich für mich ein, hörte sich um. Meinen Vater wollte ich nicht belasten, nicht nach dem, was er gerade erst durchgemacht hatte. Ich selbst hielt diesen Zustand bald kaum noch aus. Nachdem ich den zehnten Arzt aufgesucht und die zehnte schwammige Aussage bekommen hatte, gab ich auf. Schon länger hatte ich das Gefühl, dass sie mich überhaupt nicht ernst nahmen. Da stand ich, konnte mich kaum aufrecht halten, beschrieb, wie es mir ging, und sie zuckten die Schultern und meinten bloß: »Wir können nichts finden. Unseren Ergebnissen nach sind Sie gesund.«

Gesund? *Gesund*?

Seit Tagen liegst du im Bett. Aufstehen, um ins Bad zu gehen, ist ein Kraftakt. Du schleppst dich vom Bett zur Tür und durch den Flur, lehnst dich gegen die Wand, atmest hektisch und könntest zusammenbrechen. Wenn du wieder liegst, bist du von der Anstrengung schweißüberströmt. Es fühlt sich an, als hättest du eine schwere Grippe. Doch du hustest nicht, hast kein Fieber. Aber das Atmen fällt dir schwer, dein Brustkorb ist viel zu eng, um genug Luft zu bekommen. Dein Herz rast. Und die Ärzte? Sie sagen, dir fehlt nichts.

Es gab auch bessere Momente, das schon. Dann lag ich im Wohnzimmer auf der Couch, spielte mit meiner Tochter, las ihr vor. Manchmal schaffte ich es sogar, mit ihr zu meiner Mutter zu fahren. Doch meist fesselte mich die Erschöpfung ans Bett. Ich dachte an meinen Vater, wie er im Bett gelegen hatte und wie das Leben aus ihm gewichen war. Es hatte ihn so viel Kraft gekostet, wieder gesund zu werden. Ich war mir nicht sicher, ob ich noch solche Kraft aufbringen könnte.

Mein mieser Verräter versetzte mir so manchen gemeinen Hieb. Was war ich bloß für eine Mutter, was war ich bloß für eine Ehefrau. Wie sah ich überhaupt aus ... Ich hätte mir mehr Mitgefühl gewünscht, mit einer Freundin in meiner Lage hätte ich niemals so geredet. Aber er hatte ja recht. Ich war ein Nichts.

Nach und nach entglitt ich der Welt um mich herum. Ich fiel, fiel in einen dunklen Schacht. Es gab Tage, da lag ich teilnahmslos am Boden. Und es gab Tage, da hatte ich Todesangst und dachte: Hier kommst du nie wieder alleine raus. Wenn niemand mit einer Diagnose und einem Behandlungsplan daherkäme, dann würde ich hier liegen bleiben und verrotten. Tiefe Traurigkeit überfiel mich, wenn ich an Dominic und meine Tochter dachte. Schon jetzt hatte ich kaum Kraft, mich um sie zu kümmern. Und wenn es so weiterging, würde ich sie allein lassen, und sie würden ohne mich leben müssen. Ich fühlte mich so hilflos, dass ich nicht einmal mehr dagegen aufbegehren konnte.

Der Schacht wurde immer enger, und um mich herum wurde es düster. Ich aß fast nichts mehr, schaffte es kaum unter die Dusche. Konnte mein Kind nicht mehr aus dem Bettchen heben.

Dann kam der Punkt, an dem selbst das an mir vorbeizog. Da war kein Gefühl mehr, keine Traurigkeit, kein Bedauern, nichts. Nur diese extreme Erschöpfung. Ich war dabei, mich aufzugeben. Dominic bekam Angst, und ich war nicht in der Lage, ihn zu trösten.

Während ich über Tage dort lag, gefangen in mir selbst, kam mir irgendwann ein Gedanke.

Es wäre einfacher, wenn ich nicht mehr da wäre.

Für mich, für die anderen.

Ich nahm den Gedanken hin, ließ ihn ziehen. Doch er kehrte wieder. Und da regte sich etwas in mir. Es war, als müsste ich eine Entscheidung treffen. Ich driftete weg, weg aus der Welt der Lebenden. Sollte ich das zulassen? Oder sollte ich kämpfen? Aber konnte ich denn überhaupt noch kämpfen?

Einige Tage später sprach meine Mutter mit mir. »Ich habe von einer Heilpraktikerin gehört, die wirklich gut sein soll. Bestimmt nimmt sie sich mehr Zeit für dich als die Ärzte.«

Ich griff nach dem Strohhalm, klammerte mich daran fest und bat meine Mutter, einen Termin für mich auszumachen.

Die Ärzte hatten nie genug Zeit gehabt, sie hatten mich gar nicht richtig angesehen. Sie hatten nicht begriffen, dass ich vor gar nicht langer Zeit ein völlig anderer Mensch gewesen war. Als Dominic und ich uns begegnet waren, hatte er mich manchmal »mein Duracell-Häschen« genannt, weil ich unerschöpfliche Energie gehabt hatte und immer positiv drauf gewesen war. Jetzt war ich nicht mal mehr ein Schatten meiner selbst.

Die Heilpraktikerin nahm sich tatsächlich Zeit. Und sie sah mich als Ganzes. Sie hörte mir zu, als ich ihr meine Symptome erklärte, und dann fragte sie mich, wie es denn privat bei mir aussehe. Ob irgendetwas vorgefallen sei.

Ich erzählte ihr von dem schweren Herzinfarkt meines Vaters. Sie sah mich an, bat mich, noch einmal meine Symptome zu beschreiben. Den tauben Arm, das Engegefühl in der Brust. Den Schmerz hinterm Brustbein, den kalten Schweiß. Da begriff ich, endlich! Der Herzinfarkt meines Vaters – er hatte mir den Rest gegeben. Mit einem Mal spürte ich die ganze Last der vergangenen Jahre. Immer hatte ich mich ein Stück mehr anstrengen müssen, anderen und später auch mir selbst etwas zu beweisen. Das dumme Migrantenmädchen, es hatte um Anerkennung gekämpft, darum, gesehen zu werden. Ich war aufgestanden, hingefallen, wieder aufgestanden, im Rücken immer mein geliebtes Elternhaus, mein geliebter Papa. Und dann wäre er fast gestorben. Das war der Tropfen gewesen, der das Fass zum Überlaufen gebracht hatte. Ich sah ihn wieder in seinem Bett auf der Intensivstation liegen, ganz fahl im Gesicht, in sich zusammengesunken. Schon einmal hatte er um sein Leben gekämpft, als kleiner Junge, mit den Schusswunden im Bauch, unerträglichen Schmerzen, um ihn nichts als Einsamkeit. Vielleicht hatte ich in den vergangenen Monaten ja all das gefühlt, was auch er als Kind gefühlt hatte. War übermannt worden von dieser Ohnmacht, auf die wir Menschen zurückgeworfen werden, wenn es ums Sterben und den Tod geht ...

»Sie sind nicht allein. Ich habe mehrere Patienten, denen es nach einer großen emotionalen Belastung so geht wie Ihnen«, sagte meine Heilpraktikerin.

Ich sah sie an, überrascht, auch auf eine zaghafte Weise getröstet. Dann hieß das ...

»Sie werden nicht daran sterben. Sie schaffen das. Sie stehen unter großem emotionalem Stress. Und was die Schmerzen angeht, sind sie meines Erachtens psychosomatisch.«

»Aber ich bilde mir die doch nicht bloß ein«, entgegnete ich.

»Nein, die Schmerzen sind real. Sie haben nur keine körperliche Ursache, wie ja auch all die Befunde zeigen, sondern werden von der Psyche ausgelöst. Sie werden wieder gesund werden. Auch wenn es vermutlich ein längerer Weg wird.«

Ich hatte viel geweint in den letzten Monaten. Vor Erschöpfung, vor Ausweglosigkeit. Auch jetzt röteten sich meine Au-

PSYCHOSOMATISCHER SCHMERZ

Wenn der Körper weh tut, ärztliche Untersuchungen jedoch keine Krankheit oder Verletzung ergeben, kann es sich um eine Form des Schmerzes handeln, bei dem die Psyche eine Rolle spielt. Stress, gefühlsmäßige Belastungen, Trauer, Verluste wie auch Ängste und Depressionen können mit psychosomatischem Schmerz einhergehen. Das bedeutet nicht, dass der Schmerz nur eingebildet wäre.

Ein Beispiel sind Kopfschmerzen. Sie können sowohl durch eine physische Erkrankung bedingt sein als auch durch Stress, emotional belastende Situationen oder Ängste. In beiden Fällen sind sie real: Der Kopf tut weh. Die Diagnostik und auch die Behandlungsmethoden unterscheiden sich jedoch. Ein weiteres Beispiel ist das Broken-Heart-Syndrom (Stress-Kardiomyopathie), wenn das Herz infolge von Trauer oder starkem Stress einen Funktionsverlust und messbare Veränderungen erleidet. Die Symptome ähneln denen eines Herzinfarkts, doch die Ursache liegt nicht in verschlossenen Herzkranzgefäßen, sondern meist in emotionaler Belastung.

Da wir Menschen jedoch eine Einheit aus Körper, Geist und Seele bilden, lohnt es sich in vielen Fällen, eine ganzheitliche Ursachensuche für eine Krankheit in Betracht zu ziehen.

gen. Aber zum ersten Mal seit langem waren es heilsame, erleichternde Tränen, die mir über die Wangen rannen.

Es gab einen Weg aus dem dunklen Schacht. Und ich würde ihn gehen können, Schritt für Schritt.

Dass die Vögel der Sorge und des Kummers
über dein Haupt fliegen, kannst du nicht ändern.
Aber dass sie Nester in deinem Haar bauen,
das kannst du verhindern.

Martin Luther

Das Randa-Prinzip

Mir darüber bewusst zu werden, dass ich tief in meinem Innern ein Problem hatte, war der erste Schritt in die Heilung. Es war zwar nicht so, dass es mir nicht aufgefallen wäre, wie es mir ging. Niemand bleibt freiwillig in einem abgedunkelten Raum liegen, nicht mehr fähig, auch nur ein Mindestmaß an Selbstfürsorge aufzubringen. Aber ich hatte mich daran gewöhnt. So wie ich als kleines Mädchen immer stiller geworden war, hatte ich mich als junge Frau jeden Tag ein Stück mehr aufgegeben und aus dem täglichen Leben verabschiedet. Es war kein bewusster Prozess gewesen, sondern ein schleichender. Ich war hilflos, unsicher, verängstigt und trotz der Liebe meiner Familie innerlich an einem düsteren Ort.

Für Menschen, die nie eine depressive Phase erlebt haben, ist es vielleicht schwer vorstellbar, dass man in diesem Zustand nicht in der Lage ist, einfachste Dinge zu bewerkstelligen. Dass man die Antriebslosigkeit, die Erschöpfung kaum aus sich heraus überwinden kann und dass auch gutes Zureden oft nicht mehr hilft. Wenn Menschen es nicht mehr schaffen, sich um sich zu kümmern, den Müll rauszutragen, Briefe zu öffnen, Mails zu lesen und Nachrichten zu beantworten, kann dies ein Anzeichen für einen depressiven Zustand sein. Aber die Diagnose gehört immer in die Hand eines Arztes oder Therapeuten. Wenn man sich in einer solchen Situation befindet, sollte man unbedingt professionelle Hilfe in Anspruch nehmen.

Sich bewusst werden, dass man ein Problem hat, ist der erste von fünf Schritten des Randa-Prinzips. Du kannst ihn auch dann anwenden, wenn du keine Anzeichen von depressiven Verstimmungen an dir feststellst. Die fünf Schritte sind für alle Situationen im Leben gedacht, in denen wir uns unwohl fühlen, nicht ausgelastet, nicht glücklich. Vielleicht trauen wir uns etwas nicht zu, hören auf den miesen Verräter, kritisieren uns ständig und haben Hemmungen, unsere kreative Seite zu leben, Ja zum Leben zu sagen, zur Liebe. Probier es einfach mal aus.

Schritt 1: Sich selbst bewusst zuhören und anerkennen, dass es ein zugrundeliegendes Problem gibt.
Ziel: Sich eingestehen, dass es ein Thema, ein Problem gibt, das man lösen möchte.
Übung: Sich selbst bewusst zuhören (Teil 1).

Als ich mir selbst zuhörte, prasselten die Urteile des miesen Verräters auf mich ein. Doch ich blickte an ihnen vorbei in mein Innerstes, realisierte die Belastung der vergangenen Monate und Jahre und sah, wie unsicher ich war und wie sehr ich mich selbst abwertete. Ja, ich hatte ein Problem. Und ich bekam eine Ahnung davon, dass es ziemliche Ausmaße hatte.

Nachdem mir bewusst geworden war, was nicht mit mir stimmte, geschah etwas in mir. Ich traf eine Entscheidung: Ich würde alles dafür tun, um zurück ins Leben zu kommen. Monatelang hatte ich Angst gehabt, körperlich schwer krank zu sein. Und auch wenn eine Depression ebenfalls eine schwere Krankheit ist, wusste ich, ich war nicht in akuter Lebensgefahr. Leben bedeutete Hoffnung, und diese Hoffnung setzte etwas in mir in Gang. Da war so viel Sehnsucht in mir, wieder am Leben teilzuhaben. Wieder glücklich zu sein. Befreit zu atmen, ins Licht zu treten, in Liebe zu leben. Und ich erinnerte mich an all die Dinge, die außerhalb des dunklen Schachts auf mich warteten.

Doch was war es, was meinen Weg ins Glück dermaßen verbaute?

Und so landete ich bei Schritt 2 des Randa-Prinzips.

Schritt 2: Die eigenen Gedanken und Gefühle beobachten lernen.

Ziel: Herausfinden, welche Begebenheiten und Muster einen triggern, runterziehen, sabotieren.

Übung: Sich selbst bewusst zuhören (Teil 2).

SICH SELBST BEWUSST ZUHÖREN

Wie wir in Kapitel 3 gesehen haben, ist Zuhören der Schlüssel zur Selbstentdeckung und zu innerem Wachstum. Wenn wir anderen Menschen mit unserem ganzen Wesen zuhören, beginnen wir zu erkennen, wer unser Gegenüber ist. Wir nehmen ihn oder sie in den Worten wahr, die wir hören, und auch in dem, was nicht gesagt wird.

Doch wie sieht es mit uns selbst aus? Wann hören wir uns zu? Nicht nur unserem miesen Verräter, sondern unseren innersten Gedanken, Emotionen, Wünschen und Sehnsüchten? Wann öffnen wir für uns die Tür zu unserem Selbst, um zu erkennen, wer und wie wir wirklich sein wollen? Wann lernen wir uns selbst kennen und lieben?

Zu wissen, was wir wollen, ist genauso wichtig, wie zu wissen, was wir nicht wollen. Durch das bewusste Zuhören gewinnen wir Klarheit über unsere Werte, Prioritäten und Ziele im Leben und auch die Themen, die wir angehen wollen. Wir werden fähig, bewusste Entscheidungen zu treffen und den Weg zu verfolgen, der wirklich zu uns passt.

Das bewusste Zuhören erfordert Stille, sowohl äußerlich als auch innerlich. Es ist das Loslassen der Ablenkungen und des Lärms der Welt, um die leisen, aber kraftvollen Stimmen unseres Herzens und unserer Seele zu hören. In dieser Stille erkennen wir unser Potenzial, unsere Träume und unsere wahren Wünsche. Und genau dort erkennen wir auch unser wahres Problem.

Übung

TEIL 1

1. Finde einen ruhigen Ort, an dem du ungestört bist, und setze dich bequem hin.
2. Schließe die Augen und konzentriere dich auf deinen Atem. Atme langsam und tief ein und aus, um deinen Geist zu beruhigen.
3. Richte deine Aufmerksamkeit auf deine Gedanken, Emotionen und Körperempfindungen. Nimm sie einfach wahr, ohne sie zu bewerten oder zu analysieren. Höre bewusst zu.

TEIL 2

4. Nun stelle dir eine Frage vor, die dir wichtig ist, wie zum Beispiel: »Was fühlt sich in meinem Leben falsch an, oder was läuft nicht richtig?« – »Gibt es eine Handlung oder Entscheidung, die ich wiederholt treffe und von der ich weiß, dass sie nicht förderlich ist?«
5. Höre aufmerksam auf die Antwort, die aus deinem Inneren aufsteigt. Vielleicht kommen Gedanken, Bilder, Gefühle oder körperliche Empfindungen hoch. Erlaube ihnen einfach, dir bewusst zu werden, ohne Urteil oder Zweifel.
6. Nachdem du dir zugehört hast, nimm dir Zeit, um deine Erkenntnisse zu reflektieren. Schreibe sie auf, wenn es dir hilft, Klarheit zu gewinnen.

Wiederhole die Übung, wenn du dir nicht sicher bist, ob dein Unterbewusstsein dir bereits eine Antwort gesendet hat, oder du noch tiefer gehen möchtest.

Diese Übung des bewussten Zuhörens kann dir helfen, eine tiefere Verbindung zu dir selbst aufzubauen und klarer zu erkennen, was dir im Wege steht, wenn es darum geht, ein erfülltes Leben zu führen.

Das bewusste Zuhören ist der Schlüssel für ein glückliches und erfolgreichen Leben, denn solch ein Leben beginnt mit Klarheit.

Wieder Vertrauen haben. Aufstehen, mich dem Leben stellen, zurück zu meiner Positivität finden: Das war es, was ich wollte. Es war Zeit, die muffige Decke zurückzuschlagen, die sich über mich gelegt hatte, und die ersten Schritte in die Heilung zu tun.

KAPITEL 8

Auf dem Weg der Heilung

Heilung braucht Zeit, und selten verläuft sie geradlinig. Im Gegenteil: Gerade wenn es um psychosomatische Erkrankungen geht, wird man immer wieder mit denselben Lebensthemen konfrontiert, jedoch auf einer tieferen Ebene. Dann hat man das Gefühl, sich ständig im Kreis zu drehen. Dass es in Wahrheit eine Spirale ist, die sich vom Abgrund aus, in dem man feststeckte, langsam nach oben, zum Licht hin, schraubt, erkennt man oft nur in der Rückschau. Genau so ging es mir. An manchen Tagen war ich voller Hoffnung. Und an anderen holte mich die Panik ein, mein Herz raste, und meine Welt war einfach nur grau.

Ich wünschte mir so sehr, wieder am ganz normalen Leben teilzuhaben. Wir waren jung, wir hatten ein Kind. Alles in mir sehnte sich nach den kleinen Dingen, die meist so selbstverständlich sind und doch manchmal so unerreichbar. Einfach nur nach draußen gehen, ohne die Angst im Nacken, die Sonne auf der Haut spüren, den Wind im Haar. Ich wollte, wie früher meine Eltern mit meinen Geschwistern und mir, mit meiner Familie auf dem Ku'damm spazieren gehen und Großstadtluft schnuppern: den Duft der kleinen Buden mit Streetfood, eine Wolke Parfüm aus einem der Läden, in denen Dominic und ich früher oft shoppen waren. Früher ... so fühlte es sich an. Als wäre es ewig her. Die Monate, die ich im abgedunkelten Zimmer verbracht hatte, waren wie ein schwerer, staubiger Vorhang, der mich vom Leben trennte. Einem Leben, das wir geliebt hatten. In dem wir uns ineinander verliebt hatten.

Ende 2012

Ich sitze auf dem Sofa, immerhin! Schluss mit den Stunden, Tagen, Wochen im Bett. Ich will es schaffen! Mein Bauch meldet sich, wieder sticht es, als würde jemand ein Messer darin herumdrehen. Ich erinnere mich an die Worte meiner Heilpraktikerin. Sie hat mich ein weiteres Mal ausgiebig untersucht, alle Berichte, alle Ergebnisse abgewogen. Ich werde nicht daran sterben. Ich werde wieder gesund.

Ich stecke die Nase ins Haar meiner kleinen Tochter und atme ihren Duft ein. Gerade haben wir zusammen eine Kinderserie geguckt und gekuschelt.

Aber jetzt ... jetzt greift sie nach meiner Hand, zieht an mir. Mühsam stehe ich auf. Sie streckt die Arme aus, will hochgenommen werden. Ich will so gern! Aber ich bin völlig erschöpft. Da ist keine Kraft in mir. Ich traue es mir nicht zu. Was, wenn ich sie nicht halten kann, wenn sie auf den Boden schlägt ...

Sie fängt an zu quengeln.

»Mami ist krank«, sage ich. »Ich kann dich nicht hochheben.«

Sie lässt die ausgestreckten Arme sinken. Der Ausdruck in ihrem Gesicht trifft mich hart. Ich bin so eine Enttäuschung.

Schnell gehe ich in die Hocke, schmiege sie an mich, so dass sie meine Tränen nicht sieht.

Die Gespräche mit meiner Heilpraktikerin halfen mir, doch es dauerte. Und es kostete eine Menge Geld. Geld, das wir doch gar nicht hatten.

Auch Dominic und ich redeten. Aber das war anders, er liebte mich ja. Kaum zu glauben, dass er das immer noch tat, diesen Schatten meiner selbst, zu dem ich buchstäblich verkommen war. Doch etwas änderte sich in dieser Zeit. Ich sah nicht mehr diese Angst in seinen Augen, die er um mich gehabt hatte. Ich sah seine Erinnerung an mich, wie ich gewesen war. Und seine Vision, wie ich wieder sein würde. Da war Zuversicht in seinem Blick, seinen Worten, seiner Umarmung. Und sie sprang auf mich über und gab mir Kraft, durchzuhalten. Ich brauchte bloß Geduld.

Die Macht der Gedanken

Die Termine bei meiner Heilpraktikerin und bei meiner Therapeutin gaben meinem Leben Struktur. Anfangs hangelte ich mich von Gespräch zu Gespräch. Ich steckte noch ganz am Anfang eines langen Prozesses, das begriff ich schnell. Und wenn ich wollte, dass es mir wieder besser ging, musste ich mitmachen. Ich musste an die Ursache kommen.

Einfach war das nicht. Ich tauchte wieder ein in die schwere Zeit, in der mein Vater um sein Leben gekämpft hatte. Ich spürte erneut den Schock, die Hilflosigkeit; aber auch die grenzenlose Erleichterung, dass er überlebt hatte. Doch etwas war seltsam. Ich nahm diese Zeit wie durch einen Nebel wahr. Alles war gedämpft, verdeckt von dieser Erschöpfung, die ich nicht abschütteln konnte. Also folgte ich der Spur der Erschöpfung, die mich schon länger begleitete. War wirklich nur die ganze Arbeit schuld, die Dominic und ich zu den verrücktesten Tages- und Nachtzeiten geleistet hatten? Oder ging das nicht viel weiter zurück?

Mein Körper war extrem verspannt, die Muskeln im Nacken, im Rücken, im Brustkorb hart wie Stein. Kein Wunder bei der Angst, die mich immer wieder überfallen und dafür gesorgt hatte, dass ein Teil von mir sich tief in mich zurückzog und ein anderer Teil erstarrte.

Mit Hilfe von Autogenem Training lernte ich, eine angenehme Schwere zu fühlen und mit speziellen Formulierungen meinen Körper so zu beeinflussen, dass ich mit jedem Mal ein bisschen mehr losließ. Oft kamen Gefühle hoch, wenn der Panzer, in dem ich steckte, sich lockerte. Was war denn da los?! Alles, was ich gefühlt und durchlebt hatte, schien nicht nur in meiner Psyche, sondern auch in meinem Körper zu stecken ... Ängste, die ich nicht ausgesprochen hatte, Gedanken, die zu düster waren, um sie ins Bewusstsein zu holen. Man muss alles bewusst fühlen, auch aussprechen, um weiterzukommen und sich von den Altlasten zu befreien. Mich kostete das ziemlich viel Kraft. Aber es führte kein Weg dran vorbei.

Mein Körper war wie eine Landkarte, und die Schmerzpunkte markierten vergangene Verletzungen, die ich mir vor Augen führen musste. Schmerz lebt von der Erinnerung. Und so landete ich wieder bei meiner Schulzeit. Sah mich, wie ich angestrengt versuchte, in dem Dschungel der Buchstaben eine Strategie zu finden. Gesehen zu werden, wie ich wirklich war.

Manchmal kam ich mir selbst albern vor. Wieso sich das Leben schwermachen wegen ein paar ungeschickter Lehrer ...

ENTSPANNUNG

Jeder Mensch reagiert anders auf die Techniken, mit denen man entspannt. Das Autogene Training, das mit Selbstsuggestionen von Wärme und Schwere arbeitet, die Progressive Muskelentspannung zum Loslassen von Spannungen und imaginative Verfahren, in denen die Phantasie ein entspannendes Bild erzeugt, sind die Profi-Tools. Am besten erlernt man sie mit der Unterstützung eines Arztes, Therapeuten oder Coachs.

Was hatte ich denn bloß, das lag doch schon ewig zurück! Andere Kinder hatten nicht mal die Chance, je eine Schule zu besuchen ... Aber es war die erste tiefe Wunde, die mir zugefügt worden war. Und sie war mit dem Gefühl einhergegangen, nicht genug zu sein. Wer geschlagen wird, zuckt zusammen, wenn jemand die Hand erhebt. Und wer gemobbt wird, verliert den Glauben an den eigenen Wert.

Mein mieser Verräter setzte hin und wieder einen Kommentar ab, zog sich ansonsten aber auf einen Beobachterposten zurück. Er schien geduldig darauf zu warten, dass ich mal wieder scheiterte. Wenn er das heute tut, schiebe ich ihm gedanklich eine Tüte Popcorn hin und ein paar Snacks und sage ihm: »Mach's dir gemütlich, viel Spaß.« Damals aber fand ich es weniger lustig. Scheitern war keine Option. Und Geduld ... die war so gar nicht meine Stärke.

BOSS MEDITATION

Diese Meditation meines Coachs Issa dauert zwei bis fünf Sekunden und ist perfekt dazu geeignet, den miesen Verräter zum Schweigen zu bringen und ihm zu sagen: Ich bin hier der Boss! Der Boss über MEINE Gedanken.

In diesen wenigen Sekunden erlaubst du dir einen stillen Abstand zu deinen Gedanken. In diesem Abstand offenbart sich deine kraftvolle Bewusstheit. Du wirst erkennen, wie einfach es ist, sich von dem miesen Verräter in dir zu lösen.

Denn es ging nie darum, ihn komplett zum Schweigen zu bringen. Vielmehr geht es darum, zu erkennen, dass seine Stimme nicht deine Stimme ist. In diesem Moment spielt es keine Rolle mehr, wie laut er ist. In der kommenden Meditation kannst du diesen stillen Raum erschaffen und für einen kurzen Moment die Wahrheit erfahren – nämlich, dass du der Boss bist.

Entspanne die Schultern, löse deine Zunge vom Gaumen und atme tief ein.

Nun nimm dir zwei bis fünf Sekunden Zeit und BEOBACHTE, was aufkommt, wenn du dir die kommende Frage stellst:

Welcher Gedanke kommt als Nächstes?

Wenn du wirklich bewusst deinen Gedanken erlaubst, aufzukommen, dann erscheint überraschenderweise GAR NICHTS. Diese Erkenntnis zeigt, dass du nicht gegen deine

Gedanken kämpfen musst. Das Einzige, was du tun musst, ist wahrhaft bewusst und präsent zu sein. Du hast die Macht.

Warum ist dies die einzige Meditation, die du brauchst? Weil sie dich in die Position des bewussten Beobachters versetzt.

Wiederhole sie zehn Mal am Tag für zwei bis fünf Sekunden, und du wirst eine direkte Auswirkung erleben. Probiere es aus. Vielleicht klappt es nicht beim ersten Mal, aber übe weiter, bis du erkennst, dass Gedanken keine Chance haben zu erscheinen, wenn du präsent bist.

Ich wollte den Heilungsprozess ganz unbedingt beschleunigen. Was mich schon seit einer Weile faszinierte, war die Macht unserer Gedanken. Und da im Keller meines Bewusstseins so einiges steckte, was ans Licht gehörte, entschied ich mich für eine Hypnosetherapie.

Was auch dafür sprach, war der Erfolg der Hypnose bei Ängsten, Panik, Depressionen und psychosomatischen Schmerzen. Also vertraute ich mich meiner Therapeutin an und ließ mich von ihr in einen Trancezustand führen. Es fühlte sich ein bisschen so an wie vor dem Einschlafen, wenn der Körper sich entspannt, man die Gedanken ziehen lässt und sich sicher und geborgen fühlt.

In diesem Zustand lernte ich, mir einen eigenen Raum zu erschaffen, in dem ich mich rundum wohlfühlte. Ich stellte mir einen langen, breiten Strand vor, mit feinem hellem Sand, den ich unter den Füßen spürte. Die Sonne schien, es war so richtig schön warm. Das Meer war ruhig, ein sattblauer Streifen, der sich zum Horizont hin in der Weite verlor. Die Luft roch leicht salzig und trug das Geräusch der Wellen heran, die in einem sanften Rhythmus kamen und gingen. Ich saß bequem in meinem Liegestuhl, Dominic und unsere Tochter waren ganz in meiner Nähe. Es war so schön dort, so heilsam ... mein echter Glücksort.

Als ich aus der Hypnose erwachte, konnte ich kaum glauben, dass ich mir das alles nur vorgestellt hatte. Mein Strand war so anders als das abgedunkelte Zimmer, wo meine Gedanken gefangen gewesen waren und nur der Lichtschein unter der Türritze mich mit der Außenwelt verband. An meinem Glücksort war es hell, und ich war nicht allein ... Denn ich war eins mit allem um mich herum.

Die Erfahrung brachte mich zum Nachdenken. Wenn ich einen solchen Ort in meiner Vorstellung erschaffen konnte, dann war das doch ein Zeichen, dass in mir noch immer die Fähigkeit war, kreativ zu sein. Das Leben zu spüren. Wünsche zu haben. Und sie mir zu erfüllen.

Ab diesem Moment ging es mir besser. Nicht, weil ich an einen Phantasieort floh, sondern weil ich nach und nach erkannte, dass das Glück nicht etwas war, was im Außen existierte und die meiste Zeit an mir vorbeilief. Nein. Es war in mir. Ich hatte es schon immer bei mir.

In den nächsten Sitzungen lernte ich zu erkennen, was mich in meinem Leben davon abgehalten hatte, das Glück zu spüren. Mich für das Glück zu entscheiden. In jedem einzelnen Moment.

Unsicherheit.

Mangelndes Vertrauen.

Selbstsabotage.

Und was lag dem zugrunde?

Das alte Gefühl, nicht genug zu sein, es nicht zu verdienen.

Es war frustrierend, immer wieder auf denselben Mist zu stoßen. Und es war befreiend. Denn jetzt war Schluss. Diesen Mist nämlich, der mich Monate meines Lebens gekostet hatte – den wollte ich nicht. Definitiv nicht!

Wenn wir ausmisten – den Schrank, das Unterbewusstsein, unser Leben –, dann gibt es diesen Moment, wo noch mehr Chaos herrscht als vorher. Klamotten fliegen rum, Probleme fliegen uns um die Ohren. Und ein innerer Schweinehund sagt: »Lass mal gut sein. Hast doch schon einiges geschafft. Jetzt pack den Rest in Kisten und stell sie in den Keller.« Aber davon hatte ich genug. Ich wollte dranbleiben. Wollte meinem Leben eine Wende geben. Wollte wieder anknüpfen an diese unbändige Lebensfreude, die ich als kleines Kind gespürt hatte.

In dieser Zeit nutzte ich Affirmationen, um die negativen Gedankenmuster zu durchbrechen und dranzubleiben. Ich wollte ein gutes Leben manifestieren. Und das begann mit mir und in mir, mit Hilfe der Macht der Gedanken und des Gefühls.

Morgens in den Spiegel zu gucken und sich zu sagen: Ich bin schön – das ist eine Aufgabe, an der wir schnell scheitern, wenn die Haare in alle Richtungen stehen, die Haut blüht und die Augen verquollen sind. Doch wenn wir einen Menschen lieben, dann sind es doch genau diese Dinge, die ein Lächeln auf unser Gesicht zaubern. Die kleinen Macken, die kleinen Makel – sie gehören zum Gesamtpaket dazu und machen uns Menschen einzigartig. Wenn wir also zu uns sagen: Ich bin schön und das auch fühlen lernen – dann tun wir einen riesigen Schritt in Richtung Selbstliebe. Und genau darauf kommt es an.

Wenn du durch eine harte Zeit gehst und alles gegen dich zu sein scheint, wenn du das Gefühl hast, es nicht mehr eine Minute länger zu ertragen, gib nie auf, weil dies die Zeit und der Ort ist, wo sich die Richtung ändert.

Rumi

Näher ans Ziel

Als ich den Glücksort in mir gefunden hatte, wünschte ich mir so sehr, die Türen zu meinem Innern zu öffnen und mich jeden Tag daran zu erinnern, dass in mir alles war, was ich brauchte.

Das war der dritte Schritt vom Randa-Prinzip:

Schritt 3: Sich fragen: Was muss passieren, dass es mir gutgeht? Wie soll die Veränderung aussehen?
Ziel: Ein Ziel, eine Vision vor Augen haben und das Leben positiv danach ausrichten.
Übung: Die GPS-Methode.

DIE »GPS-METHODE«: GUIDANCE/POTENTIAL/STRATEGY

Antworte auf die folgenden Fragen und beginne, wo du bist. Nutze, was du hast und was du kannst. Und es wird ein einfacher Weg sein, deine großartigen Wünsche und Ziele zu manifestieren.

Übung

1. Was ist dein tiefster Wunsch? Was willst du wirklich?

2. Welche Hindernisse oder Einschränkungen siehst du auf dem Weg zu diesem Ziel?

3. Welche Veränderungen müsstest du vornehmen, um diese Hindernisse zu überwinden?

4. Welche Ressourcen oder Unterstützung denkst du, dass du benötigst, um dein Ziel zu erreichen?

5. Welche konkreten ersten Schritte könnten dich näher an dein Ziel bringen?

6. Mit welcher realistischen Maßnahme fühlst du dich heute bereit, zu beginnen?

7. Was wirst du jetzt tun?

Glaub mir, das Einzige, was du bereuen könntest, ist, dass du gezögert hast.

Gib einfach nur dein Bestes.

In dieser Zeit der Heilung, die turbulent war und voller neuer Entdeckungen, spürte ich oft massive Schuldgefühle. Ich sah meine Tochter, wie sie heranwuchs, und dachte an all das, was ich unbewusst auf sie abgeladen hatte. Ich wollte auf keinen

Fall, dass die Monate, in denen ihre Mama vom Leben abgeschnitten gewesen war, sie in Zukunft negativ beeinflussten.

Andererseits hatte diese Zeit mich stärker gemacht. Und so hatte ich zwei Hoffnungen: dass ich ihr in Zukunft ganz viel Schönes für das Leben mitgeben konnte. Und dass diese Zeit eine Botschaft für sie beinhaltete: nämlich, dass wir Krisen überwinden und gestärkt aus ihnen hervorgehen können.

Nach wie vor brauchte es innere Arbeit, um mich zu befreien und mein Leben von Grund auf positiv zu gestalten. Doch ich hatte eine neue Motivation: Noch war sie winzig klein, wuchs in mir heran. Ich würde alles tun, um dieses neue Leben in mir zu beschützen. Vor Ängsten, vor Panik und dunklen Schächten. Dass ich wieder schwanger war, kam mir vor wie ein Zeichen des Lebens. Und des Glücks, das sich manifestierte und unsere Familie wachsen ließ.

KAPITEL 9

Randa and the gang

Dieses Gefühl, wenn am Ende des Geldes noch so viel Monat übrig ist … Wenn man gerade so zurechtkommt, und dann passiert etwas Unerwartetes: Die Waschmaschine gibt den Geist auf, das Auto springt nicht an, und der Staubsauger geht auch noch kaputt. Als unsere Mädchen klein waren, mussten wir uns finanziell ziemlich durchhangeln. Dominics Leben bestand fast nur noch aus Arbeit. Zehnstundentage waren ein Luxus, manches Mal kellnerte er einundzwanzig Stunden durch. Und dennoch kamen wir auf keinen grünen Zweig, dazu war die Gastro- und Eventbranche viel zu schlecht bezahlt. Hin und wieder passten meine Eltern auf die Kinder auf, ich sprang ein, war aber noch nicht wieder so belastungsfähig wie früher. Und als wir selbst eine Eventagentur gründeten, waren wir auf die Zahlungen unserer Kunden angewiesen und wurden mehr als einmal übel hängen gelassen.

So kann das nicht weitergehen, dachte ich, als ich mal wieder mit den Kindern und allen Einkäufen an der Supermarktkasse stand und die Kartenzahlung abgelehnt wurde. Jedes Mal rechnete ich alles akribisch zusammen, um bloß nicht in diese peinliche Situation zu geraten … Aber dann war ein Produkt plötzlich ein paar Cent teurer geworden, ein anderes nicht mehr im Angebot, und schon stand ich da mit hochrotem Gesicht, während die Kassiererin laut »Storno!« rief und die Leute in der Schlange hinter mir murrten.

Dominic und ich hatten schon früher Phasen erlebt, in denen wir mit wenig Geld hatten klarkommen müssen. Ohne Kinder war das eine ganz andere Sache gewesen. Dann aß man halt mal eine Weile nur Nudeln und träumte sich den Rest dazu. Wir waren verliebt, alles andere war unwichtig. Doch mit unseren Mädchen ging das nicht, mit Kindern steigen nicht nur die Ausgaben, auch das Sicherheitsbedürfnis ist ein anderes. Vor allem wollten wir nicht, dass sie sich ausgeschlossen fühlten, wenn andere Kinder etwas bekamen und sie nicht.

2015

Der Kindergarten ist seit sieben Minuten zu Ende. Nervös schaue ich auf die Uhr. Ich kann die Mädchen heute nicht pünktlich abholen. Es ist Freitag, die Sonne scheint. Ich weiß genau, was die anderen Mütter gerade machen. Sie stehen vor dem Eingang des Kindergartens, und dann schlägt eine vor: »Wir gehen noch ein Eis essen. Kommt ihr mit?«

Ich weiß nicht, wie viele Ausreden ich schon erfunden habe. Natürlich wollen meine Mädchen auch ein Eis haben. Manchmal, wenn das Geld reicht, kaufe ich ein Wassereis und schneide es in der Mitte durch, damit beide was haben. Sie wollen auch ins Schwimmbad. Wollen all die kleinen Dinge, die andere Kinder ganz selbstverständlich bekommen. Aber ich habe kein Geld übrig, nicht einen einzigen Euro. Deshalb hole ich sie heute später ab, wenn die anderen Mütter schon weg sind. Anders weiß ich mir nicht zu helfen.

Dominic und ich redeten viel, überlegten, ob es denn nicht eine andere Arbeit für ihn gäbe. Doch er hatte nun mal Service gelernt, sah sich nirgendwo anders, und die Konsequenz daraus war, dass er immer mehr arbeitete. Wir drehten uns im Kreis. Irgendwann half ich mal wieder beim Kellnern aus, es war spät geworden, mein Rücken schmerzte, ich spürte meine Füße kaum noch. Da dachte ich: Auch mal dort sitzen, sich was zu essen bestellen und bedient werden, das wäre was. In dem Moment reifte in mir ein Gedanke. Wenn wir rauswollten aus der Situation, dann musste *ich* dafür sorgen. Genauso sagte ich das auch zu Dominic. Fieberhaft suchte ich nach Möglichkeiten, machte einen Flohmarktstand, nähte, bastelte. Viel war es nicht, was dadurch in die Kasse kam, aber es war ein Anfang.

Damals arbeitete ich bereits mit Affirmationen und Manifestationen. Manchmal schnitt ich kleine Bilder aus Zeitschriften aus und hängte sie an den Kühlschrank: Dinge, die ich mir für uns wünschte. Ganz weit oben: ein Urlaub für uns vier am Meer. Aber auch kleine Dinge landeten dort: Spielzeug für die Mädchen, eine Nagellackfarbe, Dominics Lieblings-Rasierwasser ... Immer wieder wanderte mein Blick zum Kühlschrank, zu den Bildern und Symbolen, und ich malte mir aus, dass wir all das bereits hatten. Ich sah es nicht nur vor mir, ich spürte es mit allen Sinnen, so, als wäre es bereits unsere Realität. Das war und ist für mich das A & O beim Affirmieren. Wenn man sich wirklich in das Gefühl hineinversetzen kann, wie es ist, wenn man seinen Wunsch verwirklicht hat, und alles in einem sagt: Ja, das ist es, so gestaltet sich mein Leben, dann hat man eine Verbindung zum Universum und seinen Geschenken geschaffen. Dann ist eine Affirmation wie ein Bumerang, den man wirft und der zu einem zurückkehrt. Nicht gleich, aber er kehrt zurück.

Eines Tages fragte mich meine elfjährige Nichte, ob ich nicht eine App herunterladen wolle, da gebe es so tolle Filter für Fotos: Blumenkränze fürs Haar, Hundeohren und -schnauzen ...

»Klar, mach ich«, sagte ich. Die Rede war von Snapchat. Wir spielten eine Weile mit den Filtern rum und hatten eine Menge Spaß. Dann entdeckte ich die Follower-Funktion. Am Ende des Tages hatte ich stolze sechzehn Follower, und ich war mit sechzehn davon verwandt. Ich schickte Schnappschüsse von Berlin nach Jordanien, mal einen Clip aus unserer Wohnung, und irgendwann führten Dominic und ich unseren »Die Kids sind im Bett«-Tanz auf.

2016

Es ist schon nach neun, heute hat es mal wieder richtig lange gedauert, dass beide Mädchen eingeschlafen sind. Dabei ist es einer der wenigen Abende, an denen Dominic früher zu Hause sein konnte. Seit er drei Jobs hat, fehlt uns allen die Familienzeit. Aber es fehlt uns beiden auch die Zeit als Paar. Jetzt stehen wir im Bad, putzen uns die Zähne. Unser Blick fällt in die Spiegel – und wie auf ein geheimes Zeichen hin fangen wir an zu tanzen. Wir recken die Zahnbürsten, werfen die Beine in die Luft und machen Quatsch. Leise, ohne Musik, wir verkneifen uns sogar das Lachen. Dass bloß die Mädchen nicht aufwachen! Wir nennen das den »Die Kids sind im Bett«-Tanz. Was wir nicht ahnen: Dieser Tanz hat Folgen. Folgen, die wir uns zu diesem Zeitpunkt nicht ausmalen können.

Der Tanz kam richtig gut an, unsere Verwandten feierten uns dafür. Sie alle hatten Kinder, und sie kannten das Gefühl nur zu gut. Am nächsten Abend wollten sie unbedingt Nachschub.

Dominic und ich liebten es, kleine Sketche und Tänzchen zu machen – und wenn auch andere was zu lachen hatten, umso besser. Über die Monate und Jahre hinweg nahm das Ganze größere Formen an. Ich bastelte ich Kostüme für uns, nähte, beklebte und bestickte, was mir in die Hände fiel. Federboas kamen auch mal zum Einsatz. Und wenn Dominic mal wieder bis tief in die Nacht arbeitete, dann tanzten wir über Facetime.

Die Kids sind im Bett

»Die anderen Kinder sind gemein zu mir, die lassen mich nicht mitspielen!«, sagte meine Tochter, als sie von der Schule nach Hause kam.

Was war denn da los? In mir erwachte sofort die Löwenmama. Nur zu gut erinnerte ich mich an meine Schulzeit und wie grausam manche Kinder zu mir gewesen waren. Nicht mit meiner Tochter!

»Was ist denn passiert, Schatz?«, fragte ich besorgt.

»Die sagen, dass ihr pfui seid.«

»Hä?«

Vor Schreck blieb mir der Mund offen stehen. Im nächsten Moment trudelte eine Mail der Direktorin ein, so im Stil von: *Sehr geehrte Frau Weiser, es gab einen Vorfall in der Schule, der hier stark diskutiert wird. Verschiedene Eltern haben sich bereits dazu gemeldet. Wir würden das Thema gerne aufklären und bitten Sie und Ihren Mann, zu einem Elterngespräch in die Schule zu kommen.*

Ach du Schreck, was war denn bloß passiert?

Am übernächsten Tag erwartete uns das halbe Lehrerkollegium, angeführt von der Direktorin. Mir war ganz mulmig zumute. Alte Gefühle kamen hoch, als ich auf dem unbequemen Stuhl Platz nahm. Ganz klein fühlte ich mich, und ein Blick zu Dominic bestätigte mir, dass auch er sich höchst unwohl in seiner Haut fühlte.

Die Direktorin räusperte sich.

»Wir müssen ein paar Fragen stellen, es ist uns auch wirklich unangenehm … Aber es machen halt Gerüchte die Runde, und wir wollen das gerne klarstellen …«

Ich nickte, murmelte etwas. Inzwischen hatte ich einen dicken Kloß im Hals sitzen.

»Also … Ihre Tochter hat halt erzählt, was Sie beruflich machen.«

»Ja?«, meinte ich. »Mein Mann ist im Eventbereich, und wenn die Zeit es zulässt, bin ich auch dabei.« Ich hatte keine Ahnung, wohin sich dieses Gespräch gerade bewegte.

Die Direktorin zog die Brauen hoch. »Ach so? Also … nun ja … Ihre Tochter hat uns erzählt, dass Sie sich nachts Kostüme anziehen, und dann spielen Sie Spiele«, sie hüstelte. »Und das Ganze nehmen Sie auf Video auf und stellen es ins Internet.«

Die halten uns für Pornodarsteller, dachte ich entsetzt. Ich blickte zu Dominic. In seinen Augen stand derselbe Gedanke.

Wie konnte das nur passieren?

Im nächsten Moment wurde es uns klar: Unsere Tochter musste uns bei unseren »Die Kids sind im Bett«-Tänzen beobachtet haben – und hatte offenbar ihren Klassenkameradinnen davon erzählt.

Während der gestrenge Blick der Direktorin auf uns ruhte, erklärten wir stockend, was es mit dem Ganzen auf sich hatte:

Ja, wir führten jeden Abend, wenn die Kinder im Bett waren, ein Tänzchen auf. Das war inzwischen Tradition. Und wir hatten so viel Spaß dabei, dass wir uns jedes Mal eine Choreografie ausdachten. Oft verkleideten wir uns: mal ganz seriös in schwarzem Anzug und mit Krawatte, mal trashig, mal in Dirndl und Lederhose. Okay, manchmal artete es auch ein wenig aus, Dominic mit orientalischem Kopfschmuck für Damen zu Bauchtanzmusik oder ich mit Micky-Maus-Frisur ... Inzwischen ließen wir auch Musik dazu laufen und nahmen das Ganze mit dem Handy auf.

Die Direktorin bedachte uns mit skeptischer Miene. »Dürften wir uns mal einen solchen Tanz ansehen?«, hakte sie nach.

»Mh-mh«, machte mich, meine Stimme klang ganz piepsig. Unsere Verwandten, die mir auf Snapchat folgten, liebten diese Tänze. Das hier aber war ein ganz anderes Publikum. Doch schließlich galt es, unseren Namen reinzuwaschen.

Ich zeigte der versammelten Mannschaft also das erstbeste Video aus meiner Fotogalerie. Die Lehrer mussten schmunzeln. Vielleicht waren sie selbst Eltern und kannten das Gefühl: So sehr man seine Kinder auch liebt und gern viel Zeit mit ihnen verbringt – irgendwann ist die Luft raus, da braucht man eine Pause, da sehnt man die Schlafenszeit herbei.

Die Direktorin hingegen war offensichtlich kein Fan unserer Tanzdarbietung, ihr Blick sprach Bände: Wie, zur Hölle, kamen wir auf die Idee, so etwas mit der Allgemeinheit zu teilen?

Das war eine gute Frage. Ich zuckte nur die Schultern, warf Dominic einen Blick zu, stammelte etwas von wegen: »Manche Leute finden's lustig.«

Die Tänze sorgten letztlich nicht nur dafür, dass wir in die Schule einbestellt wurden. Ich zeigte sie eines Tages einer Freundin, die ein Nagelstudio hatte. Und wie es der Zufall so wollte, hatte meine Freundin die Clips laufen, als eine Content Creatorin sich bei ihr die Nägel machen ließ. Die fand sie so cool, dass sie sie vom Handy meiner Freundin abfilmte und in ihrer Story postete. Ich ahnte von nichts, doch als ich am Abend, nachdem die Mädchen im Bett waren, auf Snapchat ging, hatte ich auf einen Schlag 400 Follower. Ich traute meinen Augen kaum und begriff erst mal nicht, was da überhaupt passiert war. Mit unseren Tänzchen hatten wir ganz offenbar einen Nerv getroffen. Dennoch war mir das Ganze nicht geheuer. Denn plötzlich sahen uns Leute bei unseren Kids-Tänzen zu, die wir gar nicht kannten. Und es wurden Tag für Tag mehr.

Zu dem Zeitpunkt machte ich mir noch keine Gedanken darüber, dass ich eines Tages auch als Content Creatorin arbeiten könnte. Klar wusste ich, dass es Influencer gab und manche damit auch etwas verdienten. Sie bekamen Gratisprodukte und machten Werbung dafür, das war's – dachte ich.

Inzwischen war ich zu Instagram gewechselt, und mein Account wuchs in den folgenden Wochen und Monaten weiter. Als ich durch viel Arbeit, tägliches Posting und Storys schließlich um die 40000 Follower hatte, blinkte in mir hin und wieder schon die Frage auf, ob sich mit meiner steigenden Reichweite nicht doch etwas machen ließe. Ich sprach mit Dominic darüber, er winkte ab: »So kannst du doch kein Geld verdienen.«

»Probleme kann man niemals mit derselben Denkweise lösen, wie sie entstanden sind«, sagte Albert Einstein. Meine Rede! Ich liebte Dominic über alles. Aber seine Einstellung, dass er Service gelernt hatte und deshalb sein Leben lang Leute bedienen würde, war manchmal einfach zum Verrücktwerden. Er hatte eine Menge Knowhow, war smart, kreativ und so souverän in seinem Auftreten. Aber wenn ich nachbohrte, ob er nicht vielleicht doch etwas anderes machen wolle als Kellnern

REMEMBER YOUR FUTURE

Wenn ich vor einer Entscheidung stehe, habe ich mir angewöhnt, mein zukünftiges Ich zu fragen. Denn es kennt immer die Antwort. Es hat ja bereits meine Entscheidungen und deren Folgen durchlebt und kann mir deshalb wie niemand anderes den Weg weisen.

Vielleicht klingt das ungewohnt. Aus meiner Erfahrung heraus kann ich jedoch sagen, dass dies die beste Möglichkeit ist, die Intuition in uns wach zu kitzeln. Unser Bauchgefühl weiß vieles einfach besser als der rationale Verstand und vor allem als der miese Verräter. Etwas tief in uns spürt ganz genau, was gut und richtig für uns ist.

Wie weit man die Intuition in sein Leben lässt, muss jeder für sich entscheiden. Vielleicht aber möchtest auch du den Versuch starten, dein zukünftiges Ich als Ratgeber in dein Leben zu holen. Wenn du es tust und ihm eine Frage stellst, dann achte auf dein allerersten Gefühl. Und gib ihm Raum. Zwinge nicht das herbei, was du hören willst, sondern spüre hin und erfahre, was du tief in dir schon weißt.

und Events, stieß ich gegen eine Wand. Ja, wir beide mochten die Branche, und natürlich war es ein toller Job, den Dominic auf einem hohen Level beherrschte. Aber ich wusste einfach, dass noch so viel mehr in ihm steckte, als er sich zutraute. Eine konkrete Vorstellung hatte ich nicht, und selbst wenn, hätte ich ihn nicht beeinflussen wollen. Er sollte selbst herausfinden, was er konnte. Aber dafür musste er sich trauen. Und um sich zu trauen, musste er wieder an sich glauben. Sich erinnern, welches Potenzial er hatte …

Ich erinnere mich noch genau an das Gefühl, als zum allerersten Mal eine Firma auf mich zukam und anfragte, ob ich eines ihrer Produkte testen und bewerben würde. Ich, Randa, wurde tatsächlich gefragt? Einfach so? Klar hatte ich Lust, das war eine Riesenehre! Ein paar Tage später hielt ich ein Gratis-Shampoo in der Hand. Ich freute mich wie ein kleines Kind. Ich bekam dieses schöne Shampoo umsonst! Ich machte nicht bloß einen Clip, ich drehte Videos, ich erwähnte es in meinen Storys, und ich machte ein Posting dazu.

Noch immer lag der Gedanke, Instagram zu meinem Beruf zu machen, ein ganzes Stück weit in der Ferne. Und Dominic? Der mauerte weiter. Bis nach mehreren kleineren Aufträgen die Anfrage einer Firma kam, die Luftreinigungsgeräte und Ventilatoren herstellte. Das war eine ganz andere Nummer. Zwar machte ich auch hier die Arbeit umsonst, doch wir durften anschließend das teure Gerät behalten und verkauften es weiter. Da sah auch Dominic ein, dass sich durch Instagram eine richtig große Chance auftat. »Weißt du was?«, sagte ich zu ihm. »Wir tanzen uns aus dieser Wohnung.«

Und das taten wir. Es waren unsere »Die Kids sind im Bett«-Tänze gewesen, die den Anstoß zu allem gegeben hatten. Und plötzlich verdienten wir etwas dazu, sparten es und konnten uns einen Kurzurlaub an der Nordsee leisten.

Als Nächstes veranstalteten wir Events, um Marken mit Influencern zusammenzubringen. Die verschiedenen Brands hatten Stände bei uns, um sich zu präsentieren und sich zu connecten. Wenn alles passte, wurden Kooperationen geschlossen. Darüber hinaus war es eine nette Gelegenheit, einigen Content Creatorn persönlich zu begegnen. Natürlich gab es bei solchen Events viel Schein statt Sein. Aber wir trafen auch einige Menschen, die es ehrlich mit einem meinten. Ganz am Anfang unserer Instagram-Reise lernten wir Cindy (@cindy.muley) und Michi (micha.muley) kennen. Wir hatten denselben Humor und verstanden uns gleich auf vielen Ebenen, so dass wir enge Freunde wurden. Es tat gut, sich austauschen zu können – nicht nur privat, sondern auch in einem Berufszweig, der noch völlig neu für uns war. Sie waren auch die Ersten, die uns erklärten, wie man Social Media monetarisieren kann.

Auf einem Event in Köln lernte ich dann Denise (@mathellas life) und Hendrik Verst (@fitdad.hendrik) kennen. Anfangs war unser Kontakt eher sporadisch, doch als Dominic und ich ein Influencer-Treffen in Düsseldorf besuchten, schlugen wir vor, gemeinsam frühstücken zu gehen. Schnell stellten wir vier fest, dass wir auf einer Wellenlänge waren und dieselben Werte teilten. Seitdem stehen wir beinahe täglich in Kontakt. Ich hatte zuvor einige andere Creator getroffen, bei denen ich gedacht hatte, dass sich daraus echte Freundschaften entwickeln könnten. Doch ich war oft enttäuscht worden. Bei Denise und Hendrik war es völlig anders. Uns verband schon bald eine echte, ehrliche Freundschaft, und als die beiden einen schweren Schicksalsschlag durchmachten, litten wir mit ihnen, als wären sie ein Teil unserer Familie. Diese Erfahrung hat unsere Freundschaft nur noch mehr gefestigt. Seither sind Denise und ich beste Freundinnen – #SisterFromAnotherMister.

Etwas ganz Besonderes waren und sind für mich auch immer die Treffen mit Mitgliedern meiner Community – Menschen, mit denen ich mich stark verbunden fühle, die mit mir im Dschungel von Social Media durch dick und dünn gehen und ohne die diese Form von Arbeit gar nicht möglich wäre.

Und es ist Arbeit, eine ganze Menge sogar. Dominic nannte mich mal eine »One-Woman-Werbeagentur«: Von der Idee bis zur Ausführung ist alles self made. Wobei das ohne ihn gar nicht möglich wäre. Werbung hat sich durch Social Media verändert. Zum einen gibt es die Reels, die ich gern aufwendig gestalte, mit einem Skript, mit besonderen Kulissen, die ich dafür aufbaue. Und zum anderen gibt es die Storys, die spontan ablaufen. Ich nehme meine Community sehr gern mit in mein Leben und zeige mich ganz genau so, wie ich bin. Authentisch zu sein, ist für mich die alleroberste Regel – das, und nur solche Produkte zu bewerben, hinter denen ich wirklich zu einhundert Prozent stehe.

Darüber hinaus ist es immer mein Wunsch gewesen, einen Mehrwert zu schaffen. Die Menschen, die meiner Gang und mir im Alltag folgen, sollen unterhalten werden. Sie sollen lachen dürfen – mit uns und gern auch über uns. Sollen sich aufgehoben fühlen, wenn sie selbst mal keinen so guten Moment haben. Und sie sollen auch teilhaben dürfen an all den Tools und Life Hacks, die mir geholfen haben, um ein positives Mindset zu schaffen.

Was das für mich bedeutet? Erst mal etwas geben, bevor man etwas für sich will. Anderen Menschen den Tag verschönern. Achtsam und mit Empathie durch die Welt gehen. Dankbar sein für die kleinen und großen Dinge. Vertrauen in sich selbst finden. Und an Wunder glauben …

Eines der ganz großen Wunder in meinem Leben war, noch einmal schwanger zu werden. Dominic und ich hatten schon lange unabhängig voneinander über ein drittes Kind nachgedacht, doch darüber gesprochen hatten wir lange nicht. Anfangs wäre es finanziell gar nicht möglich gewesen. Später dann fehlte uns die Zeit für ein weiteres Kind. Und wir lebten lange Jahre viel zu beengt. Doch nachdem wir uns in unsere neue, große Wohnung getanzt hatten, schien das Thema überall um uns herum präsent zu sein.

Eines Abends saßen wir beide am Tisch und erzählten einander von unserem Wunsch. Es war so ein schönes Gefühl, es ausgesprochen zu haben und zu wissen, der andere empfand genauso. Über Monate probierten wir es, doch ich wurde nicht schwanger. Ich wusste bereits, dass ich Endometriose habe, eine chronische Erkrankung, bei der Gebärmutterschleimhaut-ähnliches Gewebe in den Bauchraum hineinwächst, sich dort ansiedelt und häufig Schmerzen verursacht. Damals hatten die Wucherungen ein solches Ausmaß angenommen, dass meine Ärztin meinte, ich könne nicht schwanger werden. Jeder, der einen unerfüllten Kinderwunsch hat, weiß, wie man sich bei einer solchen Aussage fühlt. Tiefe Traurigkeit begann in mir aufzusteigen, doch ich ließ das nicht zu. Stattdessen begegnete ich ihr mit Affirmationen:

Mein Schwangerschaftstest ist positiv.
Ich bin schwanger und vollkommen dankbar und glücklich.
Mein Körper ist kerngesund und stark.
Ich bin voller Vertrauen in meinen Körper und seine Kraft.

Der Rest ist Geschichte. Meine Ärztin bat mich, einen Termin für eine Ausschabung zu vereinbaren. Kurz bevor der Tag gekommen war, machte ich einen Test – und er war positiv. Dominic und ich freuten uns so, doch die Schwangerschaft war alles andere als einfach. Übelkeit bis zum letzten Tag, Wassereinlagerungen, alles inklusive. Als die Geburt näher rückte, war ich ziemlich angespannt. Beide Mädchen hatten sich nicht gedreht, die Nabelschnur war um den Hals gewickelt gewesen. Auch jetzt machte unser Baby keinerlei Anstalten, sich in die Geburtsposition zu begeben. Ich hatte Angst vor weiteren Komplikationen, aber dann bot ein befreundeter Gynäkologe an, den Kaiserschnitt durchzuführen. Musik spielte im Kreißsaal, und die Geburt unseres Sohnes verlief so harmonisch, dass sie vieles in mir heilte.

Unsere Töchter waren inzwischen elf und acht Jahre alt, und so schön unser Familienleben auch war, hatte ich doch immer das Gefühl gehabt, dass jemand fehlte. Endlich fühlte sich unser Leben komplett an – wenn auch um einiges aufregender.

Heute ist unser Sohn drei Jahre alt, wirbelt unseren Alltag ganz schön durcheinander und bringt uns unfassbar viel Freude.

Ich musste einige schmerzhafte Erfahrungen machen, um zu erkennen: Ich habe alles in mir, was ich brauche, um glücklich zu sein. Inzwischen kann ich aus meinem Potenzial schöpfen. Und ich kann endlich Dinge ausprobieren, die ich mich lange Zeit nicht getraut habe. Wie meine neue Fashion Brand Bliss & Bold.

Schon früher einmal hatte ich Mode designen wollen. Alles war bereit gewesen: die Ideen, die Stoffe, die Accessoires … nur ich nicht. In meinem Innern erlebte ich damals einen ganz schlimmen Akt der Selbstsabotage. Ich glaubte nicht an mich, wie hätte ich da Erfolg haben können? Ich fühlte mich nicht mehr, fühlte nicht, dass ich dabei war, etwas wirklich Schönes zu kreieren. Ich weiß noch, wie es sich anfühlte, als ich kurz davor war, diesen einen Schritt zu tun: raus aus dem Gewohnten, raus aus den Selbstzweifeln. Und ich weiß auch noch, wie es sich anfühlte, als ich mich dann doch nicht traute. Weil ich mich wie eine Hochstaplerin fühlte, dachte, ich hätte den Erfolg nicht verdient. Das Gefühl war zerstörerisch, ich war völlig am Boden. Und ich verlor Hoffnung, dass es je anders sein könnte.

Zum Glück liegt das inzwischen weit hinter mir. Und so habe ich all meinen Mut zusammengesammelt, um mir im Mai 2024 einen Traum zu erfüllen: Ich habe meine erste Kollektion präsentiert. Mit kurzen Affirmationen auf der Kleidung. Damit wir nicht vergessen, was das Universum an Geschenken für uns bereithält.

Manchmal ist die Angst, ins Licht zu treten, größer als die Angst vor der Dunkelheit, die einen gefangen hält – denn an die ist man schließlich gewöhnt. Doch wir alle haben ein Recht, hier zu sein. Und wenn wir das Privileg haben, uns entfalten zu können, sollten wir es dann nicht tun?

Ganz egal, was der miese Verräter mal wieder dazu sagt: Ich weiß, das Schlimmste, was passieren kann, ist, dass ich mit etwas auf die Nase falle. Doch was viel schlimmer wäre? Es gar nicht zu wagen.

Alle Träume können wahr werden,
wenn wir den Mut haben, ihnen zu folgen.

Walt Disney

Im Fluss bleiben

Körperlich und geistig-seelisch aktiv zu sein, ist ein ganz wichtiges Element in meinem Leben – und deshalb Teil des Randa-Prinzips.

Schritt 4: Körperliche Bewegung
Ziel: Sich auch physisch wieder spüren. Tiefer atmen. Lebendig und aktiv sein.
Übung: Körperliche Bewegung als spirituelle Praxis

Übung

Körperliche Bewegung als spirituelle Praxis

Diese Übung besteht darin, sich bewusst Zeit für körperliche Aktivität zu nehmen, sei es durch einen Spaziergang, leichtes Training oder eine andere Form von Bewegung, die den Körper aktiviert.
Warum ist körperliche Aktivität wichtig für geistige und seelische Gesundheit?
Unser Körper und unser Geist sind eng miteinander verbunden. Durch körperliche Bewegung bringen wir nicht nur unseren Körper in Schwung, sondern auch unseren Geist und unsere Seele. Hier sind einige Gründe, warum körperliche Aktivität im geistigen und seelischen Bereich so wichtig ist:

1. Energetischer Ausgleich
Körperliche Bewegung hilft, Energieblockaden im Körper zu lösen und den Energiefluss zu verbessern. Dies kann dazu beitragen, emotionale Spannungen und mentale Blockaden zu lösen.

2. Stressabbau
Bewegung fördert die Ausschüttung von Endorphinen, auch bekannt als Glückshormone, die Stress reduzieren und das allgemeine Wohlbefinden steigern.

3. Klarer Geist
Wenn wir uns körperlich betätigen, lenken wir unsere Aufmerksamkeit weg von unseren Gedanken und bringen unseren Fokus auf den gegenwärtigen Moment. Dies kann helfen, den Geist zu beruhigen und die Klarheit und Konzentration zu fördern.

4. Spirituelle Verbindung
Durch Bewegung in der Natur können wir eine tiefere Verbindung zur Natur und zum Universum herstellen. Wir spüren die Lebenskraft um uns herum und erkennen unsere Einheit mit allem, was existiert.

5. Körperbewusstsein
Indem wir unseren Körper bewegen und spüren, werden wir uns unserer physischen Präsenz bewusster. Dies kann uns helfen, uns selbst besser zu verstehen und unsere Bedürfnisse und Grenzen klarer wahrzunehmen.

Daher ist es wichtig, regelmäßig Zeit für körperliche Bewegung zu reservieren, um sowohl unseren Körper als auch unseren Geist und unsere Seele in Einklang zu bringen. Selbst ein kurzer Spaziergang kann eine transformative Wirkung haben und uns dabei helfen, uns wieder verbunden und ausgeglichen zu fühlen. Plane regelmäßig Zeit ein, dich bewusst zu bewegen. Und wenn sich Hindernisse auftürmen, du meinst, keine Zeit zu haben? Dann stelle sicher, Zeit zu finden. Damit du nicht stecken bleibst in alten Gewohnheiten und diese wieder das Kommando über deinen Geist und Körper übernehmen.

All meine Tools haben genau dieses Ziel: nicht zurückzufallen, nicht stecken zu bleiben, niemals aufzugeben. Ich wünsche mir, dass sie auch dir helfen, dich weiterzubewegen, hin zu deinem ganz persönlichen Ziel. So wie sie mir geholfen haben.

KAPITEL 10

Raus aus der Komfortzone

Täglich sehe ich es an meinen eigenen Kindern: Wenn wir noch klein sind, dann sind wir voller Träume. Unserer Phantasie sind keine Grenzen gesetzt. Wir können zu den Sternen fliegen, zum Erdmittelpunkt tauchen und dabei tausend Abenteuer bestehen. Irgendwann passiert es: Dann werden wir ausgelacht, gedemütigt, kritisiert, es fühlt sich an wie der Fall aus unserem selbst geschaffenen Paradies. Nur für einen nicht: den miesen Verräter, denn der erlebt gerade seine Geburtsstunde. Wenn wir »Ja« fühlen, sagt er »Nein«. Sich was trauen? Auf keinen Fall. Mal was riskieren? Besser nicht. Etwas anders machen als gewohnt? Bloß nicht! Der miese Verräter hält uns klein und unauffällig. Der Raum, den er uns in der Welt zugesteht, ist winzig, wir können uns gerade mal so darin bewegen. Ganz egal, ob er uns vor Zurückweisung schützen will oder einfach gehässig ist, er bringt unsere glitzernde Seifenblasenwelt mit einem Pikser zum Zerplatzen.

Je öfter wir ihm zuhören, desto vorsichtiger werden wir. Denn in der Außenwelt, in der Menschen von anderen regelmäßig be- und verurteilt werden, haben wir Angst, etwas falsch zu machen. Fehler zu begehen, heißt, eine Lachnummer zu werden, nicht länger dazuzugehören, ausgestoßen zu werden. Und das fühlt sich für uns noch schlimmer an, als unsere Träume aufzugeben und unserer Phantasie Grenzen zu setzen. Es bedroht uns. Denn wir sind soziale Wesen, von anderen abhängig, besonders als Kinder und Jugendliche.

Nicht alle Kinder dieser Erde haben die Chance, sich frei zu entfalten. Statt Liebe und Geborgenheit durchleben sie Armut, Übergriffe, Gewalt. Oder Kriege, wie meine Eltern. Mein Vater vergrub seine schmerzhaften Erfahrungen tief in seinem Innern. Er war schon immer der typische Spaßvogel. Gab es mal Spannungen oder Streit, hielt er das nicht aus, machte stattdessen seine Späßchen und riss Witze, bis wir Kinder buchstäblich unter dem Tisch lagen vor Lachen. Meine Mutter konzentrierte sich auf die Liebe zu ihrer Familie. Doch tiefsitzende Ängste übertragen sich, so wie jedes Gefühl, dafür bin ich das perfekte Beispiel. Als ich größer wurde, merkte ich, dass Hunde keine Monsterwesen waren und Spinnen mich nicht auffraßen. Aber der miese Verräter ist schlau, in meinem Fall ging er subtiler vor, um mir weiszumachen, dass die Welt dort draußen voller Gefahren wäre. Und er schaffte es, dass ich mir selbst immer wieder Grenzen setzte und es noch nicht einmal merkte.

Sommer 2018

Die Sonne scheint vom weiß-blauen Himmel, in Bayern herrscht mal wieder Bilderbuchwetter. Beim Anblick der hohen Berge fühle ich mich ein bisschen wie Heidi, nur nicht so fröhlich. Denn irgendwie muss man da ja hinaufkommen. Dominic und die Kinder haben sich etwas Besonderes ausgedacht: mit dem Sessellift bei Marquartstein hoch auf den Berg, eine kleine Wanderung und später dann mit der Sommerrodelbahn hinab ins Tal.

Die Mädchen sind schon ganz aufgeregt, als wir bei der Liftstation ankommen. Ich auch, aber definitiv nicht aus Begeisterung. Hundert Ausreden sind mir eingefallen, tausend Ideen hätte ich, wie ich den Tag angenehmer und vor allem angstfrei verbringen könnte. Doch ich will meine Familie nicht enttäuschen.

Als ich den Lift sehe – rote Sitzbänke an einer fragwürdigen Aufhängung, ein schmaler Schließbügel, der einen vor dem Sturz in den Abgrund bewahren soll –, wird mir übel. In meinem Kopf spulen sich Horrorszenarien ab. Was, wenn der Bügel nicht hält? Was, wenn man unten durchrutscht? Meine Töchter haben da doch überhaupt keinen Halt und ich sicher auch nicht! Und dann diese unverantwortlich dünnen Seile, an denen die Sessel hängen, an Rollen auch noch ... Was, wenn die entgleisen? Was, wenn der Strom ausfällt und man über Stunden dort in der Luft hängt? Am Ende auch noch, während ein Gewitter aufzieht? Wir könnten so schön am Seeufer sitzen, ein Eis essen ... Warum bin ich bloß auf die Idee gekommen, ja zu sagen, wenn alles in mir NEIN schreit?

Schweiß rinnt meinen Rücken hinab, mir wird eiskalt. Als ich neben meine jüngere Tochter in den Sitz rutsche und der Schließbügel einrastet, kralle ich mich fest. Schon geht die Fahrt los. Mein Magen hebt sich. Es rattert, das sind die Rollen, an denen die Bahn hochgleitet. Besser nicht hingucken. Der Blick auf meine Füße erweist sich als noch größerer Fehler. Der Boden unter mir verschwindet, schon tut sich ein Abgrund auf. Ich fange an zu zittern. Meine Tochter nimmt meine Hand. Verdammt! Ich wollte doch nicht so sein wie meine Mama. Wollte nicht, dass meine Töchter sich ängstigen, bloß weil ich es tue. Und jetzt hocke ich hier wie ein Häufchen Elend und kann mich nicht mal zusammenkauern vor lauter Angst, ich könnte unter dem Bügel aus dem Sitz rutschen.

Natürlich spürt sie, wie es mir geht. »Ich lenk dich ab, Mama, ich sing dir was vor«, sagt sie. Und dann fängt sie an. Heute sind Weihnachtslieder in ihrem Repertoire, vielleicht inspirieren sie ja die mächtig hohen Tannen dazu, in denen wir landen würden, wenn wir aus dem Lift stürzten. »Oh Tannenbaum« dringt an mein Ohr, gefolgt von »Leise rieselt der Schnee …« Ich muss lachen, bin gerührt, das Weinen verkneife ich mir.

Wider Erwarten kommen wir unbeschadet oben an. Mit wackeligen Knien steige ich aus, versichere mich, dass der Rest der Familie okay ist. Endlich habe ich wieder Boden unter den Füßen.

»Mama, schau mal, da hinten liegt sogar noch Schnee«, ruft meine Tochter.

Ich atme die kühle Bergluft ein, es duftet nach Harz. Dann sehe ich mich um. Der Blick auf die Gipfel der Alpen ist gigantisch. Nur das Strahlen in den Augen der Kinder ist noch schöner. Sie nehmen mich an die Hand, wir spazieren los. Im Hintergrund rattert der Lift. Noch mal muss ich mir das aber echt nicht antun.

Wenn ich zurückblicke, dann gibt es eine Menge Dinge, die ich mich getraut habe. Ich sehe aber auch die ganzen Gelegenheiten, die ich verpasst habe. Die ich gar nicht für mich in Erwägung gezogen, mir niemals zugetraut habe. Denn ich hatte mir einen sicheren Raum geschaffen, einen Safe Space, aus dem ich mich ungern hinausbewegte.

Wir alle haben unsere eigene Komfortzone, in der wir uns sicher und geborgen fühlen. Für die einen ist das die Bühne, das Scheinwerferlicht, zehntausend Augen, die auf sie gerichtet sind. Für andere ist es die Wohnung, die nur dann verlassen wird, wenn es gar nicht anders geht. Und alles dazwischen. Was für einen richtig ist, kann man nur selbst bestimmen. Doch was mich und meine Komfortzone angeht, ist mir eines klar geworden: Es ist nicht mein logisches Denken, das mir Grenzen setzt – wie groß ist, bitte schön, die Wahrscheinlichkeit, dass ich in einem Sessellift festsitze, der Strom ausfällt und ein Gewitter wie aus dem Nichts heraufzieht? Es ist mein mieser Verräter, der mit lauter Argumenten daherkommt, um mich zu schützen. Schön und gut, aber unterm Strich heißt das nichts anderes, als dass er mir etwas nicht zutraut. Wenn man sich jedoch nichts zutraut, woher bezieht man dann sein Selbstvertrauen?

Wann immer wir etwas Neues wagen, müssen wir Mut aufbringen. Wir verlassen den Raum unserer Gewohnheiten, wissen nicht genau, was uns erwartet, müssen vielleicht improvisieren. Doch wenn wir den Schritt ins Ungewisse tun und unsere Angst überwinden, werden wir belohnt. Es ist ein kleiner oder auch großer Neuanfang, wir spüren ein Prickeln, eine tiefe Befriedigung, denn wir haben uns etwas vorgenommen und es tatsächlich geschafft! Wir glauben ein Stück mehr an uns selbst. Und dieses Gefühl summiert sich mit jedem neuen Schritt, den wir wagen. So wie in unserer Kindheit. In uns allen steckt ein Entdeckergeist. Wir haben uns als Babys und Kleinkinder am Gitterbett, an der Couch, an den Beinen Erwachsener hochgezogen, haben unsere ersten Schritte gewagt, sind hingefallen und haben uns wieder aufgerappelt. Wir haben unsere kleine Welt erobert und hätten immer so weitergemacht, wenn nicht irgendetwas vorgefallen wäre, was uns in Zukunft warnte: Pass besser auf. Tu das lieber nicht. Du wirst dir weh tun. Das schaffst du nicht.

Wenn wir etwas Neues erleben, erweitern wir unseren Horizont. Unser Geist, unsere Phantasie bekommen Nahrung. Es liegt in unserer Natur, uns weiterentwickeln zu wollen. Deshalb frage ich mich immer öfter, wenn ich einer Herausforderung gegenüberstehe und lieber erst mal weglaufen und den Kopf in den Sand stecken will: Bin das ich, oder ist das mein mieser Verräter, der da nein sagt?

Unter Wasser

April 2024. Mal wieder hatte ich eine Menge gearbeitet, an meinem Buch geschrieben, den Launch meiner Mode vorbereitet und im Kopf schon das nächste Projekt entworfen. Alles lief super – und ich vergaß wie so oft, dass auch mein Tag nur vierundzwanzig Stunden hat. Mit einem Mal spürte ich einen unangenehmen Druck im Auge, der nicht nachließ. Mein Bauchgefühl signalisierte mir: Randa, geh zum Arzt! Ich tue ja nicht immer, was man mir sagt. Aber ignorieren wollte ich diese innere Stimme nicht, dafür ist sie mir zu wertvoll.

Beim Augenarzt stellte sich heraus, dass sich unter meiner Netzhaut Flüssigkeit gebildet hatte, so dass sie sich abzulösen drohte. Der Grund dafür? Bluthochdruck. Moment mal. Ich – Bluthochdruck? Mit achtunddreißig? Niemals!

Ich kaufte mir ein Messgerät, dachte noch, das könnte ich ja meiner Mama schenken, weil ich es ganz sicher nicht brauchte. Doch als ich meine Werte maß, erschrak ich. Das war hart an der Gefahrengrenze. Die Blutdrucksenker, die mir der Arzt verschrieb, waren in meinen Augen nur eine vorübergehende

Lösung. Ich musste dringend etwas unternehmen. Musste den Stress reduzieren, mein Leben runterfahren.

Als ich abends im Bett lag, in mein Herz hineinhörte, erinnerte ich mich an meine Atemübung – »4–7–8«. Wieso war ich nicht gleich darauf gekommen? Und warum hatte ich überhaupt damit aufgehört, wo sie mich doch vor Jahren richtiggehend gerettet hatte? Schon seltsam, dass man immer wieder einen Tritt vom Universum braucht, um die Dinge zu tun, die gut und wichtig für einen selbst sind …

In den folgenden Wochen fühlte ich mich besser, mein Blutdruck sank, und auch die Flüssigkeit, die meine Netzhaut angehoben hatte, bildete sich zurück. Das Allerbeste aber war: Es ging in den Urlaub. Mitten ins Paradies. Und Dominic und die Kinder waren mit dabei.

Ich freute mich nicht nur auf unseren Urlaub, ich fieberte ihm entgegen. Auf »unserer« Insel angekommen, konnte ich mich nicht satt sehen am Meer, den Farben des Wassers und des Himmels, wenn die Sonne unterging. Das war Nahrung für meine Seele. Am Strand fühlte ich den puderzuckerfeinen Sand unter den Füßen, und wenn mein Blick sich in der Weite verlor, musste ich weinen, weil es einfach so unbeschreiblich schön war.

»Komm doch mal mit Schnorcheln«, sagte Dominic.

»Das musst du gesehen haben, Mama. Die Fische sind so bunt«, rief meine Tochter.

Vom Boot aus hatte ich die Unterwasserwelt nicht gesehen, das befeuerte meine Phantasie. In meiner Vorstellung tauchte ein ganzer Schwarm weißer Haie auf. Hungriger weißer Haie. Sie rotteten sich seit Tagen zusammen und warteten nur darauf, dass ich hinausschwamm. Dorthin, wo es tief war, wo ich keinen Boden unter den Füßen spürte.

Es war nicht unsere erste Reise ans Meer, und es war nicht das erste Mal, dass ich nein zum Schnorcheln sagte. Dieses Mal aber regte sich Widerspruch in mir. Ich konnte doch nicht ernsthaft darüber schreiben, dass man den miesen Verräter besiegt, und dann kneifen. Überhaupt, ich war neugierig darauf, was mich unter Wasser erwartete. Ob es wirklich so schön aussah wie auf den Bildern, die Dominic bei einem Tauchgang mit unserer jüngeren Tochter gemacht hatte? Zwölfeinhalb Meter tief waren sie getaucht. Mir wurde ganz anders bei dem Gedanken. Und trotzdem ...

»Bitte komm doch mit!«, drängelten jetzt beide Töchter.

Der miese Verräter schrie: »Nein, tu's nicht! Viel zu gefährlich.« In Minisekunden spulte er Bilder vor meinem inneren Auge ab. Ich auf dem Boot, wie ich mich dann doch nicht traute, reinzuspringen. Ich, der peinlichste Gast der ganzen Insel. Ich, wie ich unter Wasser Panik bekam und den halben Indischen Ozean schluckte. Ich, wie ich den dunklen Schatten mit der markanten Flosse sah, der auf mich zukam.

Nicht zerdenken, Randa, einfach machen!

»Okay, ich komme mit«, sagte ich.

Ich konnte Angst haben – und es trotzdem machen. So wie ich als Kind gekämpft hatte, um zu beweisen, dass ich nicht dumm war. Ich war Legasthenikerin – und konnte trotzdem lesen. Ich hatte Panikattacken gehabt, war hochgradig depressiv gewesen – und war trotzdem wieder aufgestanden. Schluck das, du mieser Verräter!, dachte ich. Und entschied mich dazu, mich auf das Abenteuer zu freuen, das auf mich wartete.

Es wurde ein unbeschreiblich schönes Erlebnis. Nicht, dass ich ins Wasser gesprungen und einen auf Meerjungfrau gemacht hätte. Auch kleine Schritte bringen einen zum Ziel. Ein Guide war die ganze Zeit an meiner Seite, ich hielt mich an einem Ring fest, paddelte mit den Füßen – doch ich hielt den Kopf unter Wasser. Durch die Schnorchelbrille sah ich die verborgene Welt mit ihren bunten Fischen, von denen Dominic und meine Tochter so geschwärmt hatten. Es war so unbeschreiblich schön!

Im Nachhinein fragte ich mich, warum ich das nicht schon längst probiert hatte. Was mir das gezeigt hat? Dass ich mich in Zukunft öfter was trauen und meine Komfortzone verlassen will. Einfach mal machen!

Und so wurde aus dem Urlaub, in dem ich eigentlich nur abschalten und zur Ruhe kommen wollte, eine Zeit, in der ich meine selbstgesteckten Grenzen überschritt und Dinge wagte, die mir lange Zeit undenkbar schienen. Angst und Panik hatten mich vorsichtig werden lassen, so dass ich viele Bereiche des Lebens ausgeklammert hatte. Mich gegen die Stimme in meinem Kopf zu stemmen, sie leiser zu stellen und trotz allem ins Handeln zu kommen – das hat mir so viele unvorhergesehene Momente beschert und wird es auch in Zukunft tun. Es lohnt sich, alles daran zu setzen, seinen Ängsten und dem miesen Verräter, der sie ständig ins Bewusstsein holt, die Stirn zu bieten! So viele wunderbare Dinge warten auf einen, die man sonst verpasst.

Wenn du nicht an dich selbst glaubst.
Wer wird es dann tun?

Frida Kahlo

Besieg den miesen Verräter!

Ihr habt es sicher schon mitbekommen: Das Randa-Prinzip ist ein Spiegel meines Lebens. Ich habe lange gebraucht, um mir einzugestehen, dass etwas nicht richtig lief. Zu dem Zeitpunkt hatte ich mich eingerichtet in meinen Ängsten und der inneren Überzeugung, nicht gut genug zu sein. Als ich immer tiefer in einem dunklen Schacht versank, wusste ich, ich musste etwas tun. Ich malte mir aus, welche Wege mir offenstanden. Ich konnte dort verharren, wo ich war, und eingehen wie eine Pflanze ohne Licht. Oder ich konnte meine letzte Kraft aufwenden und mich dazu entscheiden, aufzustehen und ins Leben zurückzukehren. Mit Hilfe von Therapie und meinen Life Hacks schaffte ich es raus aus dem düsteren, engen Gefängnis meiner Ängste und Depressionen. Und ich erkannte, welche Wunder das Leben für mich bereithielt. Ich erkannte auch, welche Macht der Geist hat. Der miese Verräter ist keine Zecke, die sich in unseren Hirnwindungen festklammert und alles Positive aus uns raussaugt. Er ist ein Teil unserer selbst. Als Kinder konnten wir uns nicht gegen ihn wehren. Wir haben seine Aussagen für wahr genommen. Doch heute wissen wir es besser. Wir können uns dazu entscheiden, uns nicht länger von Stimmen aus der Vergangenheit manipulieren zu lassen.

Mit der Meditation in Kapitel 8 haben wir gelernt, dass wir

der Boss unserer Gedanken sind. Als Boss sind wir für sie verantwortlich und können über sie bestimmen.

Es gibt noch einen weiteren Weg, den miesen Verräter in seine Schranken zu weisen: indem wir ihm zuhören, Stopp zu ihm sagen und die Wunden, die seine negativen Sätze uns zugefügt haben, zu heilen.

Mir ist bewusst, dass nicht jeder die Kraft hat, allein aus seinem dunklen Schacht herauszukommen. Auch ich brauchte Hilfe.

Mir ist auch bewusst, dass nicht jeder einfach so in der Lage ist, eine Entscheidung für sich und gegen die inneren Kritiker, die Miesmacher, die täglichen Demütigungen zu treffen. Weil die Kraft fehlt. Weil das Leben nicht genug Schönes geboten hat, nicht genug Liebe. Weil die Vision fehlt, dass es anders, besser sein könnte. Doch wir haben nur dieses eine Leben, und wir sollten immer das Beste daraus machen. Jeder von uns ist für sich und sein Glück selbst verantwortlich.

Solange wir leben, ist in uns allen die Kraft, diese Vision hervorzuholen. Zu träumen (siehe das Vision Board in Kapitel 5). Manchmal ist diese Vision überlagert von dicken Schichten aus schlechten Erfahrungen, Schmerz, Abwertung, Demütigung. Doch in allen Menschen ist ein Funken Wille, zu leben, ohne leiden zu müssen. Und dieser Funke reicht, um eine Vision zu erschaffen, die sich erfüllen kann.

Vielleicht haben wir uns gefühlt wie eine Raupe, die am Boden liegt, sind emotional verhungert. Haben gehofft auf einen Menschen, der uns sieht, der unseren tiefen Wunsch erkennt, vom Boden aufgehoben und gerettet zu werden. Doch dieser Mensch kam nicht.

Wir können nicht kontrollieren, was andere Menschen tun. Sie haben ihren freien Willen, ihre eigenen Ängste, ihre Grenzen, ihre Aufgaben. Deshalb liegt es an uns selbst, für uns einzustehen. Und auch wenn wir uns in einen einsamen, engen Kokon verziehen – so wie ich es tat, als ich über Wochen kaum in der Lage war, mich um mich selbst, geschweige denn um meine Familie zu kümmern –, wartet in uns doch alles darauf, dass wir diesen Kokon sprengen, unsere Flügel entfalten und fliegen lernen. Anderen mit unserer Existenz Freude bereiten. Etwas geben, und wenn es »bloß« ein Lächeln ist.

Ich möchte dieses Buch mit einer Dankbarkeitsübung beenden – Schritt 5 vom Randa-Prinzip. Wie ich euch schon erzählt habe, ist die Erkenntnis, für all die Hindernisse in meinem Leben dankbar zu sein, einer der stärksten Game Changer, die ich kenne. Und wenn ich wieder mal down bin, weil mich das Leben mit alten Mustern konfrontiert, und ich das Gefühl habe, einen Schritt zurückzufallen, dann weiß ich inzwischen: Sobald ich mit dem Thema durch bin, habe ich einen Riesenschritt nach vorn gemacht.

Dieses Mindset schenkt uns wahre innere Freiheit: Wir lassen los, was war, und verwandeln es in etwas Gutes, indem wir erkennen, was es uns gelehrt hat. Und wir erwarten das, was kommen wird, voller positiver Energie.

Schritt 5: Umfassende Dankbarkeit.
Ziel: Auch die Hindernisse im Leben annehmen und erkennen, dass wir an ihnen wachsen.
Übung: Dankbar sein – für alles.

Ein großer Teil der Heimat meiner Eltern ist Wüste. Felsen und Sand, so weit du blicken kannst, in die warmen Farben der Sonne getaucht. Vereinzelt findet man Bäume in den Wadis. Stürme, die Sonne, die Entbehrung haben sie gezeichnet. Und doch sind sie stärker als ein Baum, der täglich gegossen und sorgsam vor Wind geschützt wird.

Die Stürme des Lebens machen auch uns stärker. Manchmal drohen sie uns umzuwehen. Doch in Wahrheit gehen wir gekräftigt daraus hervor. Vielleicht nicht gleich, doch später. Und wenn wir den Entschluss fassen, sie durchzustehen, ihnen zu trotzen, dann wartet das Leben in all seinen Farben auf uns. Ein Leben, das wir uns mit Hilfe von Visionen, positiven Gedanken und Affirmationen neu erschaffen können. In jedem einzelnen Moment.

BESIEG DEN MIESEN VERRÄTER

Step 1: Höre deinen inneren Monologen zu. Frage dich: Sagt die kritische Stimme in deinem Innern die Wahrheit?

Step 2: Sage Stopp! Spüre in den Moment der Stille hinein, der durch dein »Stopp!« entsteht. Jetzt hast du den Fuß in der Tür zu deinem Unterbewusstsein. Gut so!

Step 3: Spüre hin, ob dein mieser Verräter dich nur beschützen will. Das kann er auch nett tun! Oder ist er die verinnerlichte Stimme eines Menschen, der dich früher niedergemacht hat? Dich kleinhalten wollte? Dir weisgemacht hat, du wärst nicht genug, nicht schlau, nicht schön so, wie du bist?

- Hör auf dein Bauchgefühl und mach dir klar, woher diese Stimme kommt.
- Halte dir vor Augen, dass sie NICHT die Wahrheit spricht.
- Werde dir bewusst, welche Bemerkungen es sind, die dich herabsetzen, und programmiere sie mit Hilfe von Affirmationen um.

Step 4: Gib dem miesen Verräter ab sofort keine Macht mehr über dich.

- Stopfe deinem miesen Verräter dauerhaft das Maul. Wann immer er anfängt, dich zu kritisieren, sage innerlich »Stopp!« und sprich dann voller Liebe und Respekt mit dir selbst.

Wenn du möchtest, geh noch einen Schritt weiter. Führe dir vor Augen, wie du dich fühlst, wenn dein mieser Verräter keine Macht mehr über dich hat. Und dann: Act as if – handle so, als hättest du dieses Stadium bereits erreicht.

Vielleicht spürst du auch, dass du dankbar für diese Erfahrung bist. Dein mieser Verräter hat dir mit seinen verletzenden Worten gezeigt, welcher Teil von dir dich scheitern lassen, dich herabsetzen und entwerten wollte. Damit ist jetzt Schluss! Die Zukunft gehört nicht länger deinen inneren Saboteuren und deinen Zweifeln, sie gehört dir. Dir ganz allein.

DANKBAR SEIN – FÜR ALLES

An dieser Stelle möchte ich die Gedanken meines Coachs teilen: Du erkennst den Wert dessen, was du hast und wer du bist. Du feierst deine Reise und die Kraft, die es dich gekostet hat, bis hierher zu gelangen.

Mit glänzenden Augen trinkst du eine Tasse Tee oder verbringst kostbare Stunden mit einem geschätzten Menschen. Du genießt den Regen, das Licht, die Dunkelheit – jedes Element des Lebens ist ein Geschenk.

Du schätzt die Momente, die du erleben durftest. Du lebst den gegenwärtigen Tag als Tor zur Erfüllung.

Ja, du könntest alles verlieren oder die Welt erobern. Du könntest hoch fliegen oder tief fallen. Wer weiß das schon?

Aber eines ist sicher: Du bist hier und jetzt.

Atmend. Fühlend. Denkend. Das Leben ist jetzt. Und jetzt ist der beste Moment, um anzufangen.

Denn wenn du wahrhaft dankbar bist, bist du ein König, eine Königin.

Überfluss ist da für diejenigen, die bereit sind, ihn zu sehen.

Übung

Erinnere dich nun an schwierige Situationen, durch die du gegangen bist. Spüre Dankbarkeit für diese Lektionen. Sie haben dich näher zu dir selbst gebracht. Dein Potenzial geweckt. Dich Mitgefühl gelehrt. Und sie haben dich zu dem Menschen gemacht, der du heute bist.

1. Ich bin dankbar für:

Weil:

2. Ich bin dankbar für:

Weil:

3. Ich bin dankbar für:

Weil:

Zum Abschluss möchte ich eine Affirmation mit dir teilen:

Ich schließe ab mit dem, was war.
Bin glücklich mit dem, was ist.
Und offen für das, was kommt.

Nachwort

In meinem Leben gibt es viele Wunder, für die ich so dankbar bin. Meine Familie. Meinen Job. Meine wunderbare Community. Mein Leben.

Nichts davon ist selbstverständlich. Ich kenne das Gewicht von Altlasten, die man mit sich herumschleppt, und ich kenne eine Menge Hürden auf dem Weg in die Heilung. Ich hoffe, dass ich euch mit meinen Affirmationen, Lifehacks und den Übungen meines Coachs das Werkzeug in die Hand geben konnte, damit ihr die Herausforderungen auf eurem eigenen Weg meistern könnt. Ihr seid nicht alleine. Auch für euch hält das Universum jede Menge Überraschungen und Wunder bereit. Jede und jeder hat das Recht, das eigene Leben so zu gestalten, dass sie oder er glücklich ist – im Innen wie im Außen.

Das Randa-Prinzip ist die Erinnerung daran, dass wir uns entscheiden können, glücklich zu sein, ein glückliches Leben zu führen. Wie auch immer unsere Kindheit war, welche Steine uns in den Weg gelegt wurden, welche Schmerzen wir aushalten mussten: Heute ist ein neuer Tag. Eine neue Gelegenheit. Heute können wir den Grundstein für ein erfülltes Leben legen, in dem wir unser volles Potenzial entfalten. Das jedenfalls ist meine Erfahrung und daran glaube ich fest.

Dennoch werde auch ich ständig von Problemen eingeholt. Neben dem ganzen Alltagskram tauchen regelmäßig die alten Themen aus meiner Kindheit auf, von denen ich glaubte, sie längst hinter mir gelassen zu haben. Nix da! Der miese Verräter ist ein Verwandlungskünstler und verpackt die immergleichen Themen ständig neu, um sie mir vor die Füße zu werfen. »Danke, kenn ich schon, brauche ich nicht«, sage ich dann. Aber manchmal stolpere ich auch darüber und lande auf der Nase. Noch immer habe ich Angst, mich zu verschreiben. Und wenn es passiert, kann ich das nicht einfach wegwischen. Dann klopft mein Herz, ich bekomme Schweißausbrüche, lande wieder im Kopf und im Körper der kleinen Randa, die voller Selbstzweifel war. Doch inzwischen schaffe ich es, nicht mehr in meinen dunklen Schacht zu stürzen. Ich will mich nicht weiter runtermachen, selbst abwerten, im Leid suhlen, damit ist Schluss. Ich habe eine Grenze gezogen und sage laut und deutlich nein.

Neinsagen war auch etwas, was ich lernen musste. Und da bin ich nicht die Einzige. Ich kann es erst, seit ich begriffen habe, dass Neinsagen kein Zeichen von Egoismus ist. Es ist ein Zeichen von Selbstliebe, von Selbstakzeptanz. Von Werten, die mir ganz besonders am Herzen liegen. Daher öffne ich ein weiteres Mal meine kleine Schatzkiste mit Life Hacks und Übungen für euch.

NEIN SAGEN

Vier Buchstaben, die für wahre Selbstliebe stehen: NEIN.

Wie viele Jahre möchtest du noch damit vergeuden, ein halbherziges Leben zu führen? Wer bist du? Wer möchtest du sein? Was sind deine Vorlieben und Abneigungen? Welche Bedürfnisse hast du, und wo liegen deine Grenzen?

Das NEIN zu lernen bringt dich deinem JA immer näher. Niemand wird dich jemals tief und innig lieben können, wenn diese Person nicht weiß, wo deine Grenzen sind.

Du kannst dich selbst nicht lieben, wenn du deine Grenzen nicht kennst.

Dein NEIN kommt nicht aus Arroganz oder Egoismus, es kommt im Namen der Selbstliebe. Es kommt aus deinem Herzen.

Nimm diese Worte ernst und finde deine Grenzen. Sag NEIN, wenn du NEIN meinst. Im Namen deiner Verantwortung dir selbst gegenüber. Wenn es dir dennoch schwerfällt, dann nur, weil du noch kein JA zu dir hast.

Finde das JA zu dir selbst!

Die Idee hinter dieser Methode ist einfach: Du kannst nur dann nein zu anderen sagen, wenn du bereits ein klares Ja zu dir selbst und deinen Zielen hast. Dein Ja zu dir selbst repräsentiert deine Integrität und deine persönlichen Prioritäten.

Hier ein Beispiel, um das zu verdeutlichen: Angenommen, jemand bittet dich um einen Gefallen, aber du hast bereits zu einem anderen Vorhaben ja gesagt, das deine persönlichen Ziele unterstützt. In diesem Fall kannst du selbstbewusst nein sagen, weil du bereits ein festes Ja zu deinem eigenen Wachstum und deinen Zielen und Plänen hast.

Wenn dir das Neinsagen immer noch schwerfällt, dann stelle dir eine Situation vor, in der du ja sagen willst, obwohl du nein meinst. Dann visualisiere, wie du in diesem Moment zu dir selbst stehst und ein selbstbewusstes und ehrliches Nein formulierst.

Und vergiss nicht: Es ist wichtig, deine eigenen Grenzen zu ziehen, sei es im beruflichen Erfolg oder in der Liebe. In beiden Fällen ist es dir nur möglich, wenn du deine Grenzen kennst.

Übung

- Setz dich still hin und meditiere über das letzte Mal, als du ja sagtest, obwohl du nein meintest.

- Atme gleichmäßig und mache dir, wenn möglich, bewusst, warum du nicht nein gesagt hast.

- Atme tief und erkenne den Preis, den du zahlst, wenn du nicht sagst, was du meinst.

- Atme langsam ein und lade deine innere Stimme ein, das nächste Mal, wenn du aufgefordert wirst, anders zu sein, als du bist, eine direkte Antwort zu geben.

Ich wünsche euch, dass auch ihr das JA zu euch findet und immer öfter den Mut aufbringt, es laut und deutlich zu spüren, zu sagen und danach zu handeln. Und wenn der miese Verräter dazwischenfunkt? Dann lassen wir ihn einfach abblitzen und besinnen uns stattdessen auf die Selbstliebe:

Ich akzeptiere mich vollständig und liebevoll, so wie ich bin.

Jeden Tag wächst meine Liebe zu mir selbst, und ich erkenne meinen eigenen Wert immer klarer.

Ich verdiene es, glücklich, geliebt und erfüllt zu sein.

Danksagung

Ich möchte mich von Herzen bei allen bedanken, die mich auf dem Weg zu diesem Buch unterstützt haben. Ohne eure Hilfe und eure Unterstützung wäre dieses Projekt nicht möglich gewesen.

Mein besonderer Dank gilt meinem Mann Dominic und meinen wunderbaren Kindern, die mir täglich Kraft und Inspiration geben. Ihr seid mein größter Schatz und meine größte Motivation.

Ein herzliches Dankeschön geht an meine Familie und Freunde, besonders auch an meine Verbündete und beste Freundin aus Kindheitstagen Yasmin. Eure Liebe und euer Glaube an mich bedeuten mir mehr als Worte ausdrücken können.

Ein besonderes Dankeschön geht an Sebastian Fitzek und Linda für eure tolle Freundschaft. Sebastian, deine Expertise, dein Rat und vor allem dein Anstoß haben mir sehr geholfen und Mut gemacht dieses Buch zu schreiben.

Ich möchte auch meinen lieben Freunden Denise & Hendrik (@mathellaslife & @fitdad_hendrik) besonders danken. Eure Freundschaft und eure Unterstützung sind von unschätzbarem Wert für mich. Danke, dass ihr immer für mich da seid.

Ein großes Dankeschön auch an meinen Verlag, der mir die Möglichkeit gegeben hat, meine Geschichte zu teilen und mich dabei unterstützt hat, meine Vision zu verwirklichen.

Und nicht zuletzt möchte ich meiner wundervollen Community danken, die mich täglich inspiriert und motiviert. Eure positive Energie und euer Feedback sind für mich von unschätzbarem Wert.

Danke an alle, die an dieses Projekt geglaubt haben und mich auf diesem Weg begleitet haben.

Anhang

Tools

Meine persönlichen Life Hacks

Positives Denken und Affirmationen (siehe Seite 86)
Das Vision Board (siehe Seite 110)
Die Atemübung 4–7–8 (siehe Seite 130)
Remember your future (siehe Seite 167)
Besiege den miesen Verräter (siehe Seite 189)
Mehr zum positiven Mindset: positive_gedankenwelt_

Coaching-Übungen

Dankbarkeit ist der Schlüssel (siehe Seite 34)
Die Emotional Freedom Technique (EFT) (siehe Seite 54)
Die Macht des bewussten Zuhörens (siehe Seite 69 und 142)
Die »GPS Methode«: Guidance/Potential/Strategy (siehe Seite 154)
Boss Meditation (siehe Seite 150)
Körperliche Bewegung als spirituelle Praxis (siehe Seite 175)
Dankbar sein – für alles (siehe Seite 191)
Nein sagen (siehe Seite 197)

Über meinen Coach

Issa begleitet mich nun seit mehreren Jahren, und ich freue mich, dass er so wichtige Übungen zu diesem Buch beigesteuert hat. Er kann sich am besten selbst vorstellen:

»Mein Name ist Issa Ismailat, ich bin der Mental Coach für einflussreiche und tiefgründige Menschen, die das Leben nicht dem Zufall überlassen.

Seit zwanzig Jahren erforsche ich das Potenzial der Persönlichkeitsentwicklung, Tiefenpsychologie und praktischen Spiritualität. Ich führe Menschen zu ihrem wahren Potenzial und zeige ihnen, wie sie ein erfülltes Leben nach ihren eigenen Vorstellungen gestalten können. Meine Methode ermöglicht es dir, die inneren und äußeren Dynamiken des Menschseins zu verstehen und ein Leben in Einklang und Erfüllung zu führen. Ich sehe, was andere nicht sehen, und spreche aus, was andere nicht wagen auszusprechen. Mein Ziel ist es, dich zu befähigen, ein außergewöhnlich erfolgreiches Leben zu gestalten, frei von Selbstzweifeln und Verunsicherungen. Wenn du bereit bist, selbstbewusst deine Ziele zu erreichen, dann sollten wir uns unterhalten.«

Für alle, die mehr über ihn wissen möchten:

@issa.ismailat

Issaismailat.de

Social Media und Podcasts

Mein Lifestyle-Account:
randa_and_the_gang

Dominics Account:
Dominic_and_the_gang

Affirmationen und positives Mindset:

positive_gedankenwelt_
issa.ismailat
wir_manifestieren

Meine persönlichen Affirmationen:

It happens for you
Act as if
Remember your future
Weitere von mir häufig verwendete Affirmationen findest du auf Seite 54 (in Verbindung mit der Klopftechnik) und auf den Seiten 84 bis 88, 130, 171.

Bliss & Bold
www.blissandbold.de
bliss.and.bold.official

Podcasts

Randa ans Mikro

Da fehlt noch Salz (mit Denise – @mathellaslife)

Literatur

Rhonda Byrne, *The Secret – Das Geheimnis.* München 2007

Claudia Engel, *Scheiß auf die Glücksfee! Ich mach das jetzt selbst.* mvg, München 2021

Sarah Hertz, *Das Universum liefert immer zweimal. Manifestieren mit Energie nach dem Gesetz der Anziehung.* tolino media, München 2022

Miriam Müller: »*Das Hochstapler-Syndrom: Wann fliege ich auf?*«, in: ZDF Panorama v. 07.02.2024; https://www.zdf.de/nachrichten/panorama/prominente/hochstapler-syndrom-lady-gaga-stefanie-stahl-michelle-obama-100.html [02.04.2024]

Michael J. Losier, *Das Gesetz der Anziehung: Meister werden in der Kunst des Lebens.* München 2010

Fritz Riemann, *Grundformen der Angst.* München und Basel (47. Auflage) 2022

Taylor und Anika Schweigert, *Escape and Arrive.* NXT LVL Verlag, Gräfelfing 2024

Dominik Spenst, *Das 6-Minuten-Tagebuch: Dankbarkeitstagebuch.* UrBestSelf. Berlin 2018

Thimon von Berlepsch, *Update für dein Unterbewusstsein: Neues Denken, Neues Handeln. Neues Fühlen.* Ariston, München 2020

Mark Wolynn, *Dieser Schmerz ist nicht meiner: Wie wir uns mit dem seelischen Erbe unserer Familie aussöhnen.* München 2017